中国海关博物馆
China Customs Museum

# 走进中国海关博物馆

ZOUJIN ZHONGGUO HAIGUAN BOWUGUAN

《走进中国海关博物馆》编委会　编著

中国海关出版社

**图书在版编目（CIP）数据**

走进中国海关博物馆 /《走进中国海关博物馆》编委会编著 .
—北京：中国海关出版社，2012.12

ISBN 978-7-80165-914-9

Ⅰ . ①走…　Ⅱ . ①走…　Ⅲ . ①海关—经济史—史料—中国

Ⅳ . ① F752.59

中国版本图书馆 CIP 数据核字（2012）第 226998 号

**走 进 中 国 海 关 博 物 馆**

ZOUJIN ZHONGGUO HAIGUAN BOWUGUAN

作　　者：《走进中国海关博物馆》编委会
责任编辑：左桂月
出版发行：中国海关出版社
社　　址：北京市朝阳区东四环南路甲 1 号　　邮政编码：100023
网　　址：www.hgcbs.com.cn
编 辑 部：01065194242-7527（电话）　　01065194231（传真）
发 行 部：01065194242-7540/42/44/45（电话）　　01065194233（传真）
社办书店：01065195616（电话）　　01065195127（传真）
北京市建国门内大街 6 号海关总署东配楼一层
印　　刷：北京京都六环印刷厂　　经销：新华书店
开　　本：710mm × 1000mm
印　　张：14.75　　字数：205 千字
版　　次：2012 年 12 月第 1 版
印　　次：2012 年 12 月第 1 次印刷
书　　号：ISBN 978-7-80165-914-9
定　　价：30.00 元

# 目录

MULU

# 中国海关博物馆简介

## ZHONGGUO HAIGUAN BOWUGUAN JIANJIE

在首都北京车流如织的建国门桥西南侧，有一座错落有致的园林式仿古建筑。她就是中国海关文物收藏、保护、研究和展示中心——中国海关博物馆。

中国海关博物馆是经国家发展改革委批准立项，由海关总署兴建的国家级行业博物馆，收藏各类文物 18 000 余件。其中，内地仅存 1 件的 1894 年《沿海灯塔图》、第二任总税务司赫德使用的“邮袋”、李鸿章题写的“津海新关”木匾，以及新中国成立后毛泽东主席签署的新中国首任海关总署署长任命书、见证邓小平南巡讲话的“海关 902”艇，还有中国海关查获的走私文物——战国青铜剑、宋代观音立像、唐卡等，既是记录海关发展的历史长卷，又是展示现代海关建设成就的平台。

中国海关博物馆分为“千秋古关”、“近代海关”、“现代海关”三个部分，全面展现中国海关发展历程和建设成就，反映海关与国家同呼吸、与民族共命运的历史脉动，揭示“国强则关兴、国弱则关衰”的历史规律。博物馆地下一层还设有专题展、临时展厅、观众互动厅、视频展播厅等，配套齐全、功能完善。

雄关漫漫，涵养千年，历史的长河波澜不惊地从我们身边流过，而当我们蓦然回首时，却又震撼于它的雄浑壮阔。中国海关博物馆将引领您轻轻地掀开尘封的记忆，感悟每一页的生动与启示……

# 千秋古关

QIANQIU GU GUAN

# 老子出关

公元前485年，身为国家图书馆馆长（周朝守藏室之史）的老子突然撂挑子不干了，原因是周王朝不行了，看不到前途，他要西去。

函谷关是周代设立的重要关津之一，位于河南灵宝县境内，西据高原，东临绝涧，南接秦岭，北向黄河，战略位置重要，是古时候洛阳西行的重要通道。函谷关的关长（史称“关令尹喜”）也是个了不起的人物，传说他也是大学问家，著有《关令子》一书。史书上说他“善内学宿星”，能看天象、看星宿、看云气，当他站在城关上看到紫气东来，就知有高人到了。不久，一位仙风道骨的老者骑着青牛慢慢走来。尹喜定睛一看，这位老者红颜大耳，原来是老子，他大喜过望。

老子石像

说起来，尹喜虽跟老子同是大学问家，但两人的条件却不可同日而语。老子久居京城，他管理的“周守藏室”严格说应该包括今天的国家图书馆、国家博物馆和国家档案馆，位高权重，资源丰富；尹喜则久居边关，别说看书，连收封家书都困难，天天盯着天空发呆，只能参天象、看云气了。

尹喜好不容易逮着一个大学问家，哪能轻易放过？他知道老子想西去做隐士，也知道他是偷偷跑出来的，没有“通关凭证”，并不想为难他，好酒好菜侍候着，然后提出要求：人，我不留你，但要把肚子里的墨汁留下来。老子开始不大乐意，也没把这个“关长”当回事儿，几杯酒下肚，一顿好聊，才发现尹喜也不得了，是个“服精华，隐德行仁”的智者，便引为知音，答应著书立说，《老子》（又名《道德经》）就这么出炉了。此书“魔力”非同小可，连尹喜这么有定力的人都把持不住，非要老子收他做徒弟，他第一次也是最后一次滥用职权，不仅给老子也给自己开了放行条，跟着老子西去了。

有学者考证，老子其实也没走多远，他出函谷关，过散关（今陕西宝鸡市西南，有人说《老子》著于此关），入甘肃，经天水、陇西、临洮、兰州、酒泉等地，又回到陇西，落户临洮，最终在临洮东山“飞升”（去世）。尹喜如果跟着老子西行，也是在边关转来转去。

公元前 11 世纪，周文王下令设关隘，管理进出境事务，限制夷人进出，严禁兵器和铁器外流。周朝所设的关皆为陆地关，和平时期，检查出入境商旅及货物，防止人员外逃；战争时期，封关闭卡，成为军事要塞。

鄂君启节（车节、舟节）

西周时期，奴隶制经济已经成熟，出现了商品交换，与戎狄、肃慎等民族交往增多，那时还没有收税的意识，估计尹喜就没做过这档子事儿，要是天天忙着收税，他也没空看天象了。春秋战国时期，商品经济进一步发展，私人商贾兴起，封建割据，国家机构增多，费用大量增加，开始对过往人员征税。

诸侯国管理关隘事务的机构称为“司门”或“司关”，其中一项职责是对出入关货物进行检查和收税。货物出关、入关，必须有凭证，证明货物名称和数量，守关士兵据以征税。如发现违禁货物，立即没收；对逃避关税的，除没收货物外，还处以刑罚。

1957年在安徽省寿县出土的“鄂君启节”，是战国时期楚怀王发给王室成员鄂地封君启的通关凭证，规定凡鄂君启商队经过的水陆关卡，凭此节检查、免税，有效期一年。这是我国现存最早的通关凭证。该节又称“鄂君启金节”，上有金丝错嵌的铭文，分舟节和车节，即水陆两种通关凭证。

# 阳关“故人”

我国的关税征收是从公元前8世纪开始的，那时税率较低。到了战国时期，关卡增多，税率提高，近乎苛政。因为关税限制了封建经济的发展，思想家晏婴、孟轲、荀卿、韩非等都先后起而反对。他们主张薄赋节用，轻税富民，认为古时“关讥而不征”是王政。“讥”（稽）就是查一查、问一问的意思，只查问而不征税，老百姓就说好。

秦统一后，诸侯国国界消失，有些关或撤销或改作内地关，这些设在边境和交通要道上的“关”，随着中华民族的发展和融合，以及海上交通的增加，逐步推向沿海。西汉刘向所著的《列女传》记载了一个“珠崖二义”的故事，说的是珠崖令后妻及前妻女儿的故事。前妻的女儿名初，十三岁。珠崖（今海南琼山一带）这个地方产珍珠，继母用大珍珠串了一个手链，非常好看。珠崖令死了，按照习俗，后妻率继女和亲生儿子扶灵柩回乡。汉朝的法律规定，珍珠由王室专用，官方垄断专营，平民携带珍珠过关到内地要处死刑。继母就把手臂上的珍珠扔掉了。九岁的儿子又偷偷拣回来，悄悄放进母亲的梳妆盒内。到了“海关”，守关的士兵把珍珠搜了出来。关侯追究责任，要

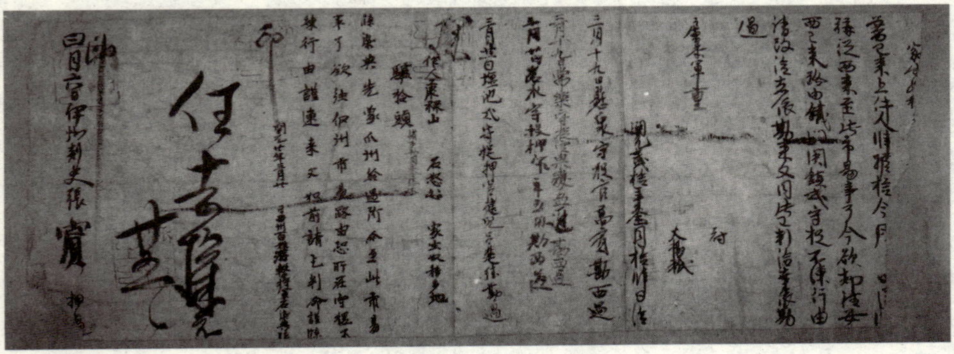

石染典过所

处死一人。继母深明大义，继女知恩图报，两人争相赴死。守关的官吏感动了，把珍珠扔进大海，释放了她们（关吏执笔书劾，不能就一字，关侯垂泣，终日不能忍决……遂弃珠而遣之）。“珠崖二义”虽然讲述的是“母慈子孝”的大义，但从中却可以看出她们经过的是设在沿海的关卡，以及关吏在法治和人情面前的艰难抉择。

汉代疆域辽阔，国力强盛。张骞出使西域，打通了汉朝通往中亚、西亚的“丝绸之路”，在甘肃河西开辟武威、张掖、酒泉、敦煌四郡，作为对外通商的都市，为此，大量增设关卡。同属敦煌郡的古代名关玉门关和阳关，就设在“丝绸之路”上。这两个“关”对中外交往和社会经济文化的发展，都起了重要的促进作用。历朝历代对敦煌郡也非常重视，大多派贤能的人去治理。

三国时期，战乱频仍，关卡林立，朝廷二十多年没有任命敦煌太守，当地豪门大户强横自大，对西域来的胡人拦路堵截，任意欺诈，来经商的胡人越来越少。魏明帝太和五年（231），朝廷派仓慈任敦煌太守。仓慈采取多项措施，加强对过往商人的保护，提供住宿和通行证，甚至派人一路护送。仓慈去世后，百姓十分悲痛，画像纪念他。西域胡人纷纷前来吊唁，甚至有胡人以刀划面，洒血致哀，还为他修祠立庙，远道祭祀。

隋唐时期，西域各国来的商人越来越多，隋炀帝派吏部尚书裴矩到边关管理与西域的贸易。裴矩经常巡访甘州（今甘肃张掖）、凉州（今甘肃武威）、沙州（今甘肃敦煌）各地，鼓励胡人到内地做生意。之后大量胡人前往长安、洛阳经商。

裴矩

历代王朝都十分重视在沿海或内地设置关卡，著名的如居庸关、雁门关、嘉峪关、镇南关和北京的崇文门税关，都执行着海关任务。从秦汉至明清，“关”的名称一直沿用未变，边境关和内地关的长期并存，是中国封建社会出入境管理制度的一个重要特点。

汉代边关的职能是戍边防守，接待中外使者，防止士卒人犯逃亡，监督边境贸易，对进出境人员和货物行李凭证验核放行。汉初对进出境人员和货物行李免税，太初四年（公元前 101 年）开始征收关税。关都尉是关卡主要官员，下设侯官、侯长、燧长等属官。各侯、燧配关卒、员役数十至数百人不等。

汉代中央政府管理关务的部门先后为大鸿胪、少府，对对外贸易实行官营垄断，进出关凭"符"、"传"放行，擅自与外商交易货物要受到处罚，可以处死刑。汉文帝曾下令匈奴人不准入关，汉人不准出关，否则格杀勿论。据史料记载，一长安商人为图暴利，擅自与来降的匈奴浑邪王交易，被人举报后，受牵连问罪被处死者 500 余人。

1983 年出土于荆州江陵张家山 5 号汉墓的《津关令》竹简，比较全面地记载了当时的关津制度。

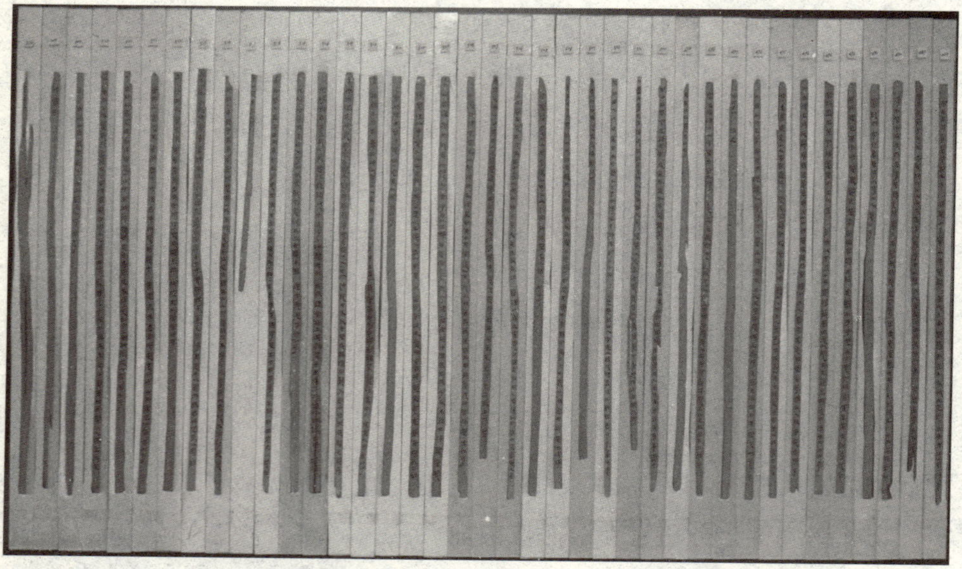

张家山汉简"津关令"

# 玄奘私渡玉门关

张骞出使西域后，丝绸之路开通，东西方文化交流、贸易往来日渐繁荣。为确保丝绸之路安全，汉武帝下令修建玉门关。从此，玉门关成为河西走廊西部的重要关隘，也是中原与西域交通的必经要道。

因为气候和连年征战，到唐朝的时候，玉门关一带更加荒凉，王之涣用悲壮苍凉的情绪写下“黄河远上白云间，一片孤城万仞山。羌笛何须怨杨柳，春风不度玉门关”的千古名句，至今仍引发我们对这座古老关塞的向往。

秦汉以前，诸侯国采取各种措施招贤纳士，吸引周边国家的人民归附，人员流动便利。同时，在外交会盟活动中，开始使用“符”、“节”作为凭信。这种凭信，西汉称“传”，东汉以后叫“过所”。唐代，“过所”申领发放制度进一步完善，已具备“护照”的功能。

玉门关

唐代经济繁荣，文化发达，鼓励对外交往和贸易，长安、洛阳、凉州（武威）、敦煌号称四大贸易城市。其中，长安是当时最大的国际性都市，人口约200万，常驻外国使节、商人、留学生数千人。随着政治、经济结构发生重大变革，一些在历史上起过重要作用的关津失去原先的存在价值，关津废置的现象不断发生。《旧唐书》、《唐六典》记载，盛唐时有26个关，依距京城（今西安）远近、交通状况，分为上、中、下三等：京城四周且有驿道的，为上关；远离京城但有驿道的，或京城四周无驿道的，为中关；偏远地区的为下关。所有关津严格禁止兵器、锦绫、绸绢、丝布、牦牛尾、珍珠、金、银、铁等运出。

唐代刑部属下的司门掌管全国关务、关政，负责发放进出关“过所”、“行牒”。

唐玄奘

唐玄奘（《西游记》的唐僧）幼年出家，对佛学研究有很深的造诣，想赴天竺国（今印度）求取真经。但当时出国必须先向官府申请关防凭证（即“过所”），关塞守卫检查核对后放行，否则会受刑罚。西去必经之道玉门关外设置五处烽火台，相隔百里，驻有官兵，遥相呼应；烽火台之间，没有草木，无处隐藏。在无法得到朝廷准许的情况下，玄奘一人前往，路上找了一个胡人当向导，准备偷渡。快到玉门关时，胡人害怕了，劝玄奘打消西去的念头，玄奘不为所动，胡人趁夜逃走，玄奘只好独自前往。刚到第一烽，玄奘就被发现，差点被守兵乱箭射杀。被抓后，守兵校尉王祥审问他时，玄奘声泪俱下，说明偷渡原委，也是佛教徒的王祥深为感动，没有治他的罪，还派人护送他一路出关，帮助玄奘完成了取经伟业。

# 中国历史上第一位外籍市舶使

蒲寿庚是阿拉伯商人，少年时随父到泉州。因海盗猖獗，劫掠商船，袭击内港，他积极协助地方官府多次击退海盗，屡立战功，南宋朝廷封他为沿海都制置使兼泉州提举市舶。

蒲寿庚

宋德祐二年(1276)，元中书左丞相伯颜率兵攻陷临安，宋恭帝投降，南宋大臣张世杰等携端宗赵昰进入福建。伯颜知道蒲寿庚在福建海上有强大势力，于是派人潜入泉州招降。蒲寿庚认为宋朝大势已去，无力抵御元军，为保全实力，他向元军暗中输诚，将城内三千多皇亲国戚杀死。

元世祖以蒲寿庚守城有功，加封为昭勇大将军、闽广大都督、兵马招讨使兼领提举市舶。

蒲寿庚弃宋降元，使泉州港免遭战火，海外贸易得以继续发展，为泉州港在元代成为世界最大的商港奠定了基础，同时，他还采取多种办法，开创中国与南海各国关系的新局面。

市舶司制度起始于唐朝，经历宋、元、明至清朝前期，对中国的外贸发展发挥了重要作用。

唐代，在广州设主管海路对外贸易的官员——市舶使，这是我国最早的管理外贸的官员。开元二年（714），唐太宗派周庆立为市舶使，与波斯和尚及烈等人在广州搜罗珍奇灵巧之物，敬奉皇室。

唐朝的市舶使代表朝廷总管东南海路的外交与外贸，检查外来商船货物，征收税款。从海路来的外国使团进贡，在与市舶使会面后，由使臣带两位随员进京，其余人员留广州等待。市舶使征收的进口关税为政府带来丰厚的财政收入，有记载说每届船期日进白银 15 万两。

宋代海外贸易不断扩大，除在广州设立市舶机构外，又在杭州、泉州、江阴、温州设置市舶司。

元朝取代宋朝后，除保留泉州市舶司外，在庆元（今浙江宁波）、上海、澉浦设立市舶司，规定细货十分取一，粗货十五分取一，漏税货物没收。

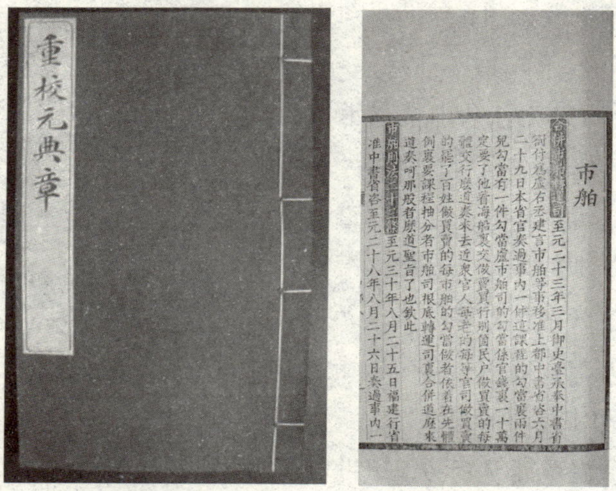


《元市舶则法》

元朝除对货物抽税外，还征收“舶税钱”，类似后代的船钞、吨税。元初，番货、土货征税规定相同。至元十七年（1280）起，实行土货单抽、番货双抽的关税制度，这在中国关税史上具有重要意义，在世界海关史上也有较大影响。

# 从海防馆到督饷馆

明嘉靖二十六年（1547），东南沿海倭寇猖獗，走私严重。朝廷派朱纨提督浙闽海防军务，巡抚浙江。朱纨深入沿海巡视海防，发现“贼船番船，兵利甲坚，乘虚驭风，内外合为一家”；当地乡绅地主横行霸道，建造大船专门运送走私货物。为此，朱纨下令禁海，收缴双桅大船，革除乡官渡船，建立保甲制度，搜捕通倭分子，打击海上走私；对于走私或与番人私通的，要自首和互相告发，并记录在案。嘉靖二十七年（1548），他率军攻克倭寇巢穴双屿港（今宁波附近海面），擒捕通倭主犯顾良玉，焚毁其营房和船只；嘉靖二十八年（1549），围剿海商集团，杀死通番头目李光头等96人。此外，朱纨还向朝廷揭发了闽、浙两省官员的不法行为。

不久，朱纨受陷害服毒自杀。他死后，沿海地区尤其是福建的走私又严重起来。朝廷为围剿倭患耗费巨大，财政处于崩溃边缘。朝野有识之士主张废弛禁令，允许私人海上贸易，在漳州设海防馆管理对外贸易，征收关税，以充军饷。

隆庆元年(1567)，漳州月港开设“洋市”，作为中国商人赴东、西洋贸易的唯一合法口岸。为防止船政被海防大夫独揽，万历二十一年（1593），改海防馆为督饷馆，专司管理对外贸易。督饷馆配置税务官1名，饷吏2名，书手4名。税务官最初由海防同知担任，后改为每年在福建各府佐官中选择

明代银锭

一人出任。朝廷先后颁发《商税则例》、《海税禁约十七事》、《东西洋水饷等第规则》、《陆饷则例》等，建立了一套比较完整的制度。

月港督饷馆的主要职能之一是发放引票（出海贸易许可证），商船出海贸易必须到督饷馆登记，注明商人姓名、户籍所在地、船只大小、载货种类、数量及将要前往的国家。

明代西班牙本洋

朝廷实行限量出海。最初，海防馆每年发放引票 50 张；设立督饷馆后，增至 88 张，限定东西洋各 44 艘；1597 年增至 117 张，另外还有 20 张备用。

督饷馆规定，商船出海由邻里作保，实行连坐互保。商船起航时，督饷馆官员赴港检查。夏秋两季，商船陆续返航时，督饷馆提前在沿海各地巡视，对商船逐程护送，名为防止海寇抢劫货物，实则加强监督，防止商人私卸货物、隐匿宝物、偷漏饷税。商船抵港后，督饷馆官员上船封钉，查验、收税后，才准许卸货。

# 施琅统一台湾之后

清朝初期，郑成功建立的政权统治着台湾和东南沿海一些岛屿，与朝廷分庭抗礼。为防止郑氏政权从大陆获得物资，同时也防范沿海人民与郑氏政权“勾结”，壮大反清复明力量，清朝实行严厉的海禁政策，废除市舶司，互市限于贡舶，税收由盐政院征收。

施琅率军统一台湾后，康熙皇帝下旨解除海禁，开放对外贸易。《圣祖仁皇帝实录》记载，康熙二十三年六月初五日（1684 年 7 月 16 日），颁诏开海贸易，设专官收税。这是关于清初设立海关的最早记载。

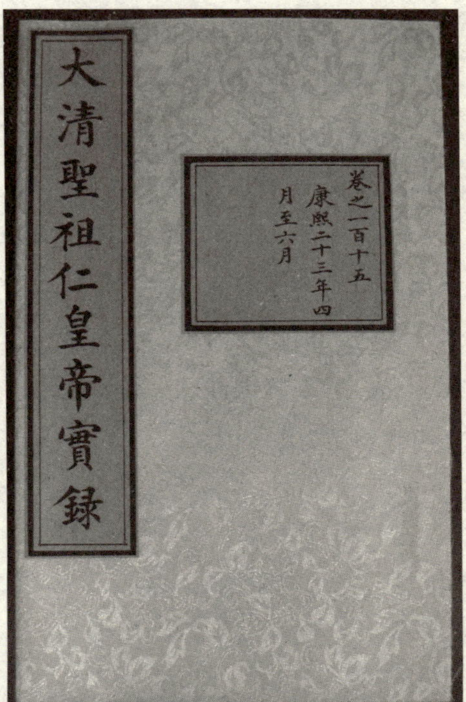

《大清圣祖仁皇帝实录》

根据康熙帝的谕旨，先后在福州、厦门设闽海关，宁波设浙海关，上海设江海关，广州设粤海关，开始了中国正式的海关制度。四个海关的职能是管理对外贸易、沿海贸易和船政渔政，接待朝贡使臣，缉私和海防。

四海关的设置，不但使中国人的海防观念和门户意识增强，而且使税收大量增加。当时的福建总督郝玉麟曾上奏说：查闽省一年出洋商船约有三十只，或二十八九只，每船货物价值或十余万、六七万不等，每年闽省洋船约得番银二三百万载回内地，以利息之盈余，佐耕耘之不足，于国计民生均有裨益。

在闽、浙、江、粤四个海关中，粤海关地位最高，朝廷专门从内务府旗人中选派官员进行管理，官名叫“海关监督”。那时，粤海关的管理范围很广，除整个广东沿海外，还包括今天的海南省及广西的合浦、钦州等地，以及香港、澳门特别行政区。刚开始，海关监督一年一换，后来才有连任，皆以满人充任，品级一般是三至五品，不是地方属官，与两广总督、广东巡抚的公文往来，均用“咨”，以示平行略后的地位。朝廷对粤海关税收情况一年查核一次，防止税款跑漏，并对粤海关监督政绩进行考核。考核有三种方式：一是通过两广总督或广东巡抚考察，然后将考察情况上报皇帝；二是皇帝诏见，当面询问；三是海关监督向内务府呈书面述职报告。

17 世纪英国取得海上霸主地位后，派商船来中国贸易。1669 年，英国在广州设立商馆，贸易量大幅增长。到 1764 年，英国向中国输入商品总额达到 120 万两，超过先期来华做生意的荷兰、葡萄牙和法国。当时，中国出口商品主要是茶叶、生丝、绸缎、土布、中药材、草席、蔗糖、瓷器、爆竹等；英国出口到中国的商品主要是玻璃器皿、钟表、棉花、棉布、毛织品和金属制品，后来以煤油、火柴、肥皂、洋酒等物品为主。

粤海关用于称量税银的砝码

# 英国人告御状

洪任辉

洪任辉是英国东印度公司职员，英文名为詹姆士·弗林特，少年时在广州学习汉文，后担任翻译。

英国东印度公司为扩大对华贸易，指示洪任辉率船带货物到宁波销售，如受地方官府阻挠，则直航天津，找乾隆皇帝告御状。

乾隆二十四年（1759）五月三十日，洪任辉率船到达定海时，浙江水师不准他靠岸。洪任辉便北上天津，停泊在大沽海口，自称是英国四品官，在澳门、广州做生意，因有冤情，广东地方官府不给作主，前来京师鸣冤告状。但没有人听他的“鬼”话，他便通过行贿手段，把“状纸”送给直隶总督方观承转呈乾隆皇帝御览。

“状纸”内容主要有四点：一是粤海关监督李永标纵容家人属吏敲诈勒索，每艘船征收陋规杂费六十八项，核银一千多两；二是资元行老板黎光华拖欠东印度公司货款五万多两不还；三是广州官吏不愿接见洋人，致使家人属吏敲诈勒索；四是保商制度弊病甚多，延误外国商船正常贸易，请求废除。

乾隆皇帝阅后，龙颜大怒，认为洪任辉擅赴天津告状有辱“天朝”尊严，下旨把他关在澳门囚禁三年，代写“纸状”的福建人斩首示众，李永标革职。

鸦片战争前，粤海关的权限很大，除办理海关业务外，兼有处理外贸、外交和涉外司法的权力，甚至代表皇上和朝廷处理涉外事务；拥有制定海关税则和海关管理自主权。那个时候，对外国商船要求比较苛刻。外国商船来中国，要先把船停在澳门，经海关批准后，由引水员引入虎门，卸下船上的护航火炮，经粤海关检查、丈量、征收船钞，发给“红牌”后，才能到黄埔港靠岸。船在停靠黄埔期间，粤海关会同当地驻军严加防范。船主到广州只能住在广州“行商”的商馆内，通过行商与粤海关联系，由行商出面代办一切报关手续。出口货物装船后，如无特殊情况，粤海关发给“红牌”，再由引水员导航驶离黄埔至虎门，发还先前卸下的火炮，一路皆凭“红牌”放行。

18 世纪中叶，西方资本主义国家开始工业革命，海外贸易日益扩张。特别是以英国东印度公司为首的西方商人，强烈渴望打开中国市场，而清政府却对他们越来越反感。

乾隆五年（1740），荷兰殖民者在爪哇大肆屠杀华侨，制造“红溪惨案”。消息传来后，举国震惊。同时，住在澳门等地的外国人也常犯案，惹得清政府很不高兴。此外，英国商人为填补对华贸易巨额逆差，不断派船到宁波、定海一带，就近购买丝、茶。乾隆第二次南巡时，从地方官那里了解到，每年苏州有一千多条船出海贸易。乾隆还亲眼看到，在江浙一带海面上，带武器的外国商船络绎不绝，这也给他留下不好的印象。为此，清政府下令仅广

清代英国商船

州一地对西洋商人开放，闽、江、浙海关管理东洋、南洋贸易和沿海贸易。

本来粤海关征税有章可依，有据可凭，税率也比较低，平均税率只有百分之四。外国商人也认为税率并不高，甚至还有点低。但一口贸易，唯我独尊，自然容易滋生腐败。清政府本来定有抄家、充军边陲和砍头的处罚，但天高皇帝远，粤海关的关吏们并不害怕，他们随意决定税率和征税方法，对待外商一是“榨”，把外商当成一块肥肉，尽情地榨取；二是“防”，不许外商与官府直接接触。

粤海关一口独大，商行也跟着水涨船高。随着粤海关权力的不断扩大，腐败的面积成正比不断放大，商行的作用也更加凸显，对外商的贸易束缚也就越大。

# “十三行”孕育出来的世界首富

十三行远景

2001年，美国《华尔街日报》（亚洲版）刊登了一个《纵横一千年》专辑，统计出近几个世纪世界最富有的50个人，其中有六位中国人榜上有名，分别是成吉思汗、忽必烈、和珅、刘瑾、宋子文和伍秉鉴，六人中唯独伍秉鉴是纯粹商人。伍秉鉴（1769~1843）资产约2 600万两，这个数目相当于今天的50亿元人民币（当时美国首富的资产仅700万两）。

伍秉鉴是个商业奇才。1801年，32岁的他接手怡和行后，同欧美各国客户建立紧密联系，在经营茶叶、瓷器等进出口生意的同时，开发地产、房产、茶园，并大胆地在美国进行铁路投资、证券交易。同时，他还是英国东印度公司最大的债权人，东印度公司资金周转不灵时，常向他借贷。他在当时西方商界享有极高的知名度。

伍秉鉴不但会做生意，且热心公益和慈善事业，仅第一次鸦片战争期间，他就向政府捐款200多万两。他为人豪爽，慷慨大方，一美国商人与他合伙做生意，因经营不善，欠他7.2万两银子，无力偿还，也无法回国。伍秉鉴知道后，叫人把借据拿出来，当着这个美国商人的面撕碎，然后对他说：你是一个诚实的人，只不过不走运，现在账目已经结清，可随时回国。这一义举，在美国传扬了半个世纪。

伍秉鉴

第一次鸦片战争后，商行制度被废除，同时又受政府盘剥，伍秉鉴的生意一落千丈，身心受到较大打击，以致心灰意冷。1842 年 12 月 23 日，他写信给在马萨诸塞州的美国友人 J · P · Cushing 说，若不是年纪太大，经不起漂洋过海折腾，就移居到美国。

伍秉鉴能成为世界首富，除了他的商业头脑外，还与两个人的影响有关。第一个是李士祯。1686 年春，广东巡抚李士祯颁布公告，宣布凡是“身家殷实”的人，每年缴纳一定的白银，就可作为“官商”，包揽对外贸易，享有垄断海上对外贸易的特权。伍秉鉴充分享受了这个特权。

第二个人就是洪任辉。洪任辉被禁闭澳门后，英国商人反应强烈，为了表示抗议，拒绝开仓贸易。事情越闹越大，最后反映到清政府那里，乾隆皇帝更生气，下令两广总督李侍尧制订“防范外夷规条”五条，对洋商来广州贸易和居住从严限制，禁止中国人接触。夏、秋两季是买卖季，洋人住在十三行里，买卖做完了，必须到澳门去过冬天。洋人在广州不能坐轿子，不能随便出门，每个月的初八、十八、二十八可以在通事（翻译）的带领下到指定的地方玩一次。还特别规定，“番妇”（外国女人）不能随同；外商不准直接晋见中国官员，有所需求时，应将呈文通过行商代转。总之，对外商的管理变本加厉，商行的地位更进一步凸现。

“十三行”于康熙二十一至二十四年 (1682~1685) 间建立，系官府特许专营对外贸易商行的统称，对官府负有承保和缴纳外洋船货税饷、规礼、传达官府政令及管理外洋商船、人员等义务。

行商依靠政府给予的特权，垄断广州的对外贸易，形成“公行”贸易制度。

广州十三行街景

行商和外商利益一致时，互相勾结；利益矛盾时，互相欺诈，酿成纠纷。

19 世纪以前，中国和西方国家没有外交关系。那时，苏伊士运河还没有开挖，中国和西方国家来往的船只要绕行非洲的好望角，从广州到伦敦最快也要三个月。在自给自足的小农经济下，中国生产、生活用品都能自己解决，用不着西方国家生产的东西。所谓的中外贸易尤其是中英贸易，多是外国从中国购买丝绸、茶叶运回去。

大清帝国一直把西方国家来人当做越南人、高丽人看待，来与不来自便，来了就必须以藩属自居，尊中国为上国。朝廷和各级官府不觉得有与西方交往的必要。

外国人（尤其是英国人）对中国的通商制度虽然不满意，但起初还能忍受。到 18 世纪末，尤其是 19 世纪初，英国人的态度开始变了，他们认为大清帝国对通商的限制不利于英国工商业发展。也正是这个时候，英国在印度打败了法国，印度成为英国的殖民地，使英国向中国扩张有了前沿阵地。

# 林则徐的禁烟战友

1839年3月10日，林则徐一到广州，就听取两广总督邓廷桢、广东水师提督关天培、粤海关监督豫堃的汇报，并讨论如何禁烟。

最后制定的方针是收缴鸦片，如外商来广州贸易再带鸦片，一律处死。林则徐与豫堃传讯十三行的行商，历数他们与外国鸦片贩子相互勾结、同粤海关不法分子串通作案等不法行为后，命令他们将其不法行为一一禀报，听候处理。又令行商伍绍荣把发给外商的谕帖带回，将谕帖内容向外商宣告。

林则徐

过了半个月，外国人还不交烟，林则徐不再客气，下令十三行的华人迁出，派兵把十三行围困起来，禁止人员出入，断绝粮草供应。因为路途远，英国的商业监督（即商业代表）义律无法得到政府的支持，只好屈服。义律是个狡猾的家伙，他命令商人们把鸦片交给他，由他以英国商业监督的名义给每个商人开了个收据。这样一转手，英国商人的鸦片变成了大英帝国的鸦片，为日后提出无理要求埋下伏笔。

义律交出20 280箱鸦片，有200多万斤。后来，实际收缴了21 306箱，其中有美国商人的1500箱。林则徐准备将这些鸦片解送北京，因怕途中发生意外，道光皇帝下令将全部鸦片在虎门销毁。

虎门的烟尘，激起一股浊流在伦敦涌动。从广东回到英国的鸦片贩子查顿率领的“代表团”在英国各处游说和串联，散发诬蔑中国的小册子，专门找那些与鸦片贸易有关的人集会、请愿，面谒重臣（尤其是外交大臣巴麦尊），敦促英国政府对大清帝国采取战争行动。

崇尚武力又有实力的英国人已从鸦片贸易中尝到了甜头，认为鸦片是通商大利，不甘心就此收手。

1840 年 6 月 21 日，英国全权代表懿律、海军司令伯麦乘坐装有 74 门大炮的旗舰“威利士厘”号，抵达澳门湾附近的拉庄。不久，由 49 艘军舰、540 门大炮、4 000 多名官兵组成的英国侵华远征军从印度加尔各答出发，陆续抵达广东海面。6 月 28 日，懿律下令英国军舰对广州实行全面封锁后，接着引兵北上，占领定海，再率主力舰队来到大沽口，两个月的时间，从中国南部沿海一路杀到天津。

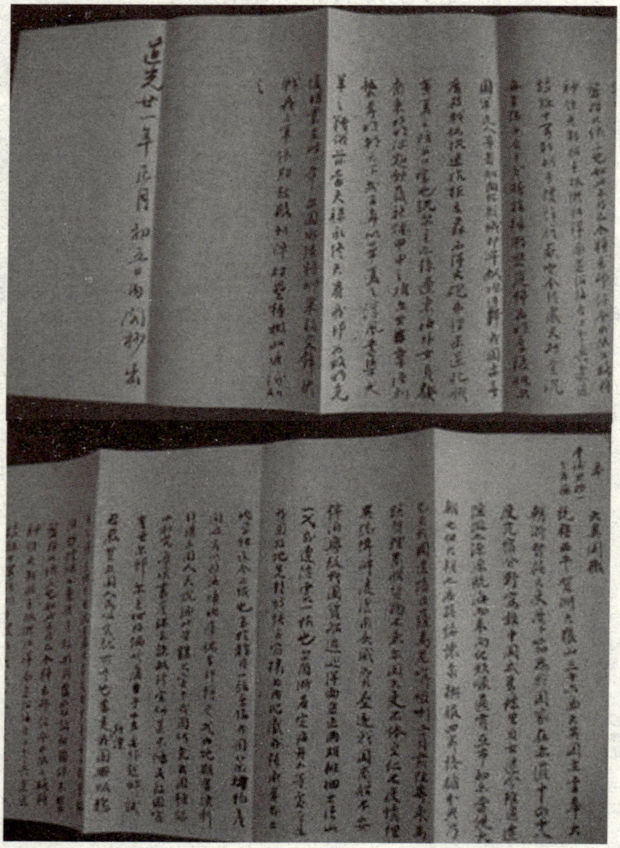
钦差大臣林则徐等奏陈拟具致英国国王檄谕底稿折

直隶总督琦善是一个精明的人，他派人侦察英军情况。细作回来向他报告说，英军船坚炮利，远在中国之上，于是琦善决定“抚”夷。当懿律派人把英国外相《巴麦尊子爵致中国皇帝钦命宰相书》（《巴麦尊照会》）呈给他，让他再往上转达时，琦善毫不犹豫地做了。

该照会前半部分批评林则徐，说他残暴武断，“亵渎了大英国家威仪”，“轻视大英国家特委管理领事”的尊严，要求清政府为英国申冤，赔偿鸦片损失；割让一岛或数岛给英国；赔偿军费和行商欠款；两国官员及文书往来平等相待。

这个照会很快被送到道光皇帝的手中，道光皇帝令琦善向懿律宣告朝廷的意思：查办林则徐等禁烟人物，平息事态。得到皇帝的圣旨，琦善给懿律发了一个照会说，林则徐查禁烟土措施失当，没能体现中华大皇帝的圣明，现在你们来了，大皇帝一定会查明事实真相，治林则徐以重罪，为你们申冤，但烧烟的事儿发生在广东，在天津没法处理，你应带兵南返，皇帝再派新的钦差到广东查办；对于赔款的要求，中国多少会给一点，好让你有面子回国；关于通商制度，事情解决以后，你们的人可照旧通商，用不着变更。懿律也不想在北方打仗，又加上英军士兵水土不服，疫病流行，战斗力锐减，所以答应南撤广东谈判。

道光皇帝认为琦善会办事儿，竟能说得敌人退兵千里，于是下旨革林则徐、邓廷桢的职，由琦善去顶替。

第一次鸦片战争时海战景象

英国国家档案局收藏有道光十九年（1839）五月至十一月间豫堃致林则徐的10件咨文，从这些记录看，禁烟运动期间，粤海关发挥管理职能，打击鸦片走私，维护正常国际贸易，起到了重要作用。从中也可以看出，林则徐、豫堃善于利用海关把守国门。

禁烟过程中，林则徐和豫堃建立了深厚友谊。林则徐被革职发配新疆时，广州的官员都躲着不愿见他，只有豫堃为他送行，林则徐的一些用品也寄存在豫堃家里。后来，豫堃也因禁烟被革职发配新疆，和林则徐一起为边疆建设作出贡献。

电影《林则徐》中把豫堃塑造成一个腐败分子，不但反对禁烟，而且与林则徐唱反调，与史实不符。据编剧和导演介绍，之所以如此安排，是为了烘托林则徐的高大形象。

# 近 代 海 关

JINDAI HAIGUAN

# 五口通商

林则徐被充军发配到新疆后，琦善捧着圣旨到广州。

琦善到了广州才知道，英国人来者不善，不但要赔款，还要求割香港或加开通商口岸。琦善认为与其割地，不如加开通商口岸，但朝廷不答应。琦善很圆滑，他知道英国人不好惹，皇帝和朝廷更是得罪不起，所以就施“拖”字诀，不急不躁，与英国人讨价还价。

进攻虎门炮台的英舰

英国人提出赔偿军费。琦善坚决拒绝，说那是你们要派军队来，又不是我们请你们来的，为了防你们，大清国也进行了军队调动，花费的银子比你们还多，我们向谁索赔？！

英国人又提出，行商的欠款要由政府赔。善琦说，行商欠款应由行商来赔偿，与政府没有关系。

英国人提出赔偿烟款 2000 万，琦善不答应。英国人减为 1600 万，琦善还是不答应。琦善先答应给300万，后来加至400万、500万。

英国提出退还定海，把香港给他们。琦善说香港不是什么重要的地方，本来无关要紧，但洋人到了那儿，拉帮结伙，将会为害一方，所以不能给。

英国人又提出，中英官吏平等交往。琦善很痛快地答应了，他认为这是虚的东西，不过是彼此都点个头、哈一下腰，没什么大不了的。

琦善是一个有外交才干的人，每次谈判都有收获，最后谈定赔偿600万。

朝廷不同意琦善费尽心机谈来的成果，琦善开始战战兢兢地拖日子。英国人看出了琦善的主意，立即占领大角和沙角，给琦善一点颜色看，琦善只好硬着头皮与懿律再谈。这时形势发生了变化，主动权在英国人手中，谈判时不得不让步：中国赔款600万，割香港给英国，中国在香港设关收税，给予英国平等待遇，广州复市。

这个谈判结果被后人称为《穿鼻草约》。道光皇帝不答应，把琦善革职逮捕，拟斩首监候，秋后处决。

英国政府对《穿鼻草约》也不满意，撤了懿律的职，另派璞鼎查来华指挥。璞鼎查一到中国，就以英国全权公使大臣兼管中华领事的名义，宣布香港、定海为自由贸易港，并发布告示说，香港、定海地属海港，为洋船来往之区，商船可以任便贸易，在未奉到英国女王谕令前，各国船只不用缴纳捐税。告示还说，目前厦门港已被英军占据，各国船只前往鼓浪屿洋面进行交易，受英军保护。

道光皇帝从全国各地抽调大兵开赴广东，与英国人打仗，但清军不堪一击，没多久，英军就打到南京城下，清政府被迫签订《南京条约》。

南京条约共13条，与海关有关的内容有两项：一是英国人可在广州、福州、厦门、宁波、上海等地港口寄居及通商贸易，英国可在这些地方设领事馆；二是英国商人应纳进出口税，中英两国共同议定税率。

《南京条约》虽规定开放上海、宁波、福州、厦门、广州五口，但条约需双方政府认可，加上战争刚结束，无论是朝廷还是老百姓，思想上的弯还没有转过来，不能立即让外国人来做生意。可是，英国商人却等不及了，天天找璞鼎查，璞鼎查也沉不住气，一再照会两广总督，要朝廷派人与他们一起落实条约规定的条款。上海、宁波、厦门、福州的地方官也接到英国人尽快通商的要求，纷纷向朝廷奏报。朝廷只好派伊布里为钦差大臣，到广东办理通商贸易事宜。

伊布里到广州不久就去世了，朝廷又任命耆英为两广总督兼办通商事务。同时，朝廷又下令，一切对外事务全部由两广总督办理，外国使节有什么事情，都得通过两广总督。

应英国人的要求，耆英乘船专程到香港与璞鼎查一起讨论落实通商章程和纳税办法。双方还约定了五口通商的具体日期。

上海、宁波、厦门、福州四个地方原本就设有海关，因为朝廷实行海禁，只征收本国民船税和管理东洋贸易，现在重新开放，按照新的章程开征西洋商人“夷税”。

那时，国内商人的税叫“商税”或“常税”，外国人的税称为“夷税”。1860年后，西方人认为“夷”字是对他们的贱称，坚决不许再使用，这样又把“夷”字改为“洋”字，“夷税”改称“洋税”。

1843 年 10 月 6 日，英国领事纪里布到厦门租借海关附近的一所空房子作为领事馆，与厦门地方官员一起，选定 11 月 2 日开市通商，厦门海关开始征收“夷税”。

中英签订《南京条约》

五口通商后的广州

上海江海关于 1843 年 11 月 17 日开始征收“夷税”。

1844 年 1 月 1 日，宁波的浙海关开始征税。英国领事罗伯逊是 1843 年 12 月中旬到宁波的，他认为 1844 年的元旦是个好日子，于是与宁波地方官员商定从这一天起开市通商。

因福州没有领事可派，璞鼎查照会耆英说，福州暂缓开市。直到 1845 年 7 月，福州海关才开始征收“夷税”。

上海道台宫慕久想避免市民与洋人的冲突，仿照广州十三行的做法，采取隔离政策，准备在城外建一个外国人居住区。1845 年 11 月 29 日，宫慕久公布了《上海土地章程》，根据这个章程，英国驻上海领事巴富尔在他想要的地方得到了 138 英亩土地，按照英国的建筑风格起屋造房。

第二年，巴富尔又向宫道台提出，在英国租界的中心区设立江海新关，收取洋商的关税，宫道台也同意了。这样，原来的江海关被江海新关取代。

# 关税自主权丧失

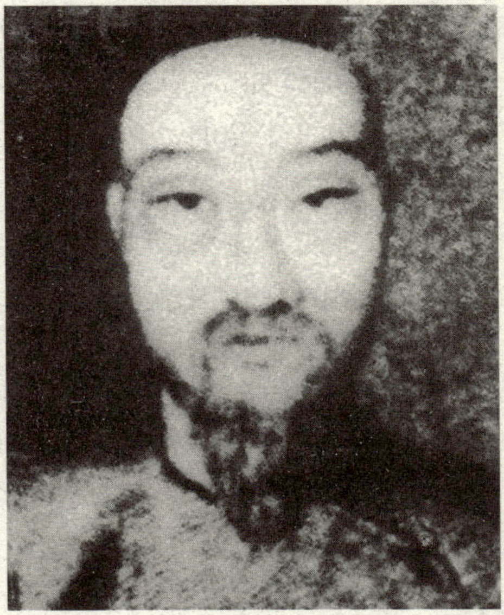
耆英

《南京条约》是政治条约，许多商务问题尤其是海关税则没有制定，璞鼎查与钦差大臣耆英商议通过谈判签订新的协议，作为《南京条约》的补充。

《南京条约》关于税则问题的条款主要有两条，分别是第二条和第十条。第二条内容是：自今以后，大皇帝恩准英国人民带同所属家眷，寄居大清沿海之广州、福州、厦门、宁波、上海等五处港口，贸易通商无碍；且大英国君主派设领事、管事等官住该五处城邑，专理商贾事宜，与各该地方官公文往来；令英人清楚缴纳货税、钞税等费。第十条是“英国商民居住广州等五处，按照议定税则缴纳进出口货税、饷费”。

璞鼎查在谈判前表示，将满足全体在华英商要求，竭力按照英国外相稿本上的条款付诸行动。璞鼎查所说的“外相稿本条款”，是1840年英国外相巴麦尊就税则问题的训条，即中国政府规定固定的关税，以便外国人照章缴税；中国各口官吏，不得征收高于这样的关税。巴麦尊的条约稿本是以“中国—东印度协会”提供的“意见书”为基础制定的，东印度协会强烈主张强迫中国开放口岸、协定关税，取消行商。

璞鼎查派秘书罗伯聃前往广州，作谈判准备。罗伯聃本来是英国巨商查吨的司事，久在粤东，兼通汉文，熟悉商税事宜。

中英关于税则的谈判，看上去你来我往，讨价还价，但英国人诡计多端，清政府谈判代表耆英等人无知，在税则制定过程中，一开始就听任英国人摆布。最后的结果是多数商品从量征税，少数从价税中按值百抽十征收，极少数按值百抽五征收。第二次鸦片战争后，英国在《天津条约》中塞进“江宁立约的每百两征税五两”的内容，使“值百抽五”的税率成为定例。

新税则也和《南京条约》一样，是英国人单方面制定的，中国人不过是被迫在上面画押。新税则是中国历史上第一个协定税则，而且是片面协定税则，中国没有得到任何互惠待遇，只是无条件让与了各项权益。

咸丰元年（1851）粤海关十两银锭

同样，法国、美国几乎不费吹灰之力，也得到了英国人享受的各种特权。

1844年，美国强迫清政府签订的《望厦条约》第二款是这样的：倘中国日后欲将税则变更，须与合众国领

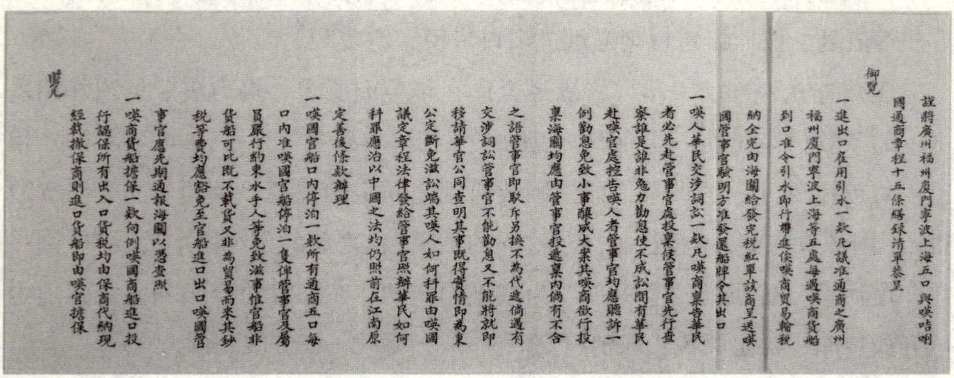

謹將廣州福州廈門寧波上海五口與暎咭唎
國通商章程十五條繕錄清單恭呈
御覽
一進出口雇用引水一款凡議准通商之廣州
福州廈門寧波上海等五處每遇暎商貨船
到口准令引水即行帶進俟暎商貿易輸稅
納全完由海關給發完稅紅單該商呈送暎
國管事官驗明方准發還船牌令其出口
一暎人華民交涉詞訟一款凡暎商稟告華民
者必先赴管事官處投稟候管事官先行查
察誰是誰非勉力勸息使不成訟間有華民
赴暎官處控告暎人者管事官均應聽訴一
例勸息免致小事釀成大案其暎商欲行投
稟海關均應由管事官投遞稟內倘有不合
之語管事官即駁斥另換不為代遞倘遇有
交涉詞訟管事官不能勸息又不能將就即
移請華官公同查明其事既得實情即為秉
公定斷免滋訟端其暎人如何科罪由暎國
議定章程法律發給管事官照辦華民如何
科罪應治以中國之法均仍照前在江南原
定善後條款辦理
一暎國官船口內停泊一款所有通商五口每
口內准暎國官船停泊一隻俾管事官及屬
員嚴行約束水手人等免致滋事惟官船非
貨船可比既不載貨又非為貿易而來其鈔
稅等費均應豁免至官船進口出口暎國管
事官應先期通報海關以憑查照
一暎商貨船擔保一款向例暎國商船進口投
行認保所有出入口貨稅均由保商代納現
經裁撤保商則進口貨船即由暎官擔保
覽

五口通商章程

事等官议允，如另有利益及于各国，合众国民应一体均沾。同年签订的中法《黄埔条约》第六款规定：如将来改变税则，应与佛兰西会同议允后，方可酌改。根据这两个条约，中国在税则制定权丧失后，又失去了税则修订权，从这时开始，片面协定关税的原则被确定。

比利时、瑞典、挪威、日本等国也步英国人后尘，在与清政府签订的条约中，享受清政府给予英国的权利，中国关税主权的丧失进一步扩大。

中国关税主权受到各种条约的束缚，不得自定则例。根据片面最惠国待遇条款，中国让与某些侵略国的任何权益，同样普遍给予其他国家。从此，中国政府不经每一个侵略国家的同意，就不能独自修改税则。

# 第一个洋关

1853 年 9 月 7 日，江海关的关员们正各自忙着公务，突然，几个英国商人带着搬运工人进来，要把寄存的货物搬走。有关员上前阻拦，被推到一边。这批英国人还没走，另一批英国人也闯了进来，说海关欠他们的船租未付，特来搬运存货抵押。

英国人洗劫后，海关监督公署四门大开，街头上的中外游民又闯进来抢劫，还说小刀会占领了上海县城，海关监督吴健彰大人被抓起来了！关员们这才知道，刘丽川在上海起事了，上海一片混乱，他们只好愤怒而又无助地立在大厅里，眼睁睁看着原本像模像样的机关变得一片狼藉。

翌日，英国领事派英国水兵前来站岗放哨，把海关封锁起来，并四处宣

五口通商后的上海

称江海关被中国暴民捣毁，不能运作了。

因为吴健彰过去在广州十三行做生意时曾救过刘丽川，刘念旧情，力排众议，暂不杀他，把他押在起义军的指挥部。又因为吴健彰1845年来上海后曾在美国商号里当买办（那时美国还没有领事馆，商号代行领事馆职责），与美国人有一定交情，当天夜里，美国领事派神父把他救了出来。

建于1857年的庙宇式江海北关紫铜版

英国驻沪领事阿礼国乘机以履行“庄严条约”、保障关税征收为借口，公布《海关行政停顿期间船舶结关暂行章程》，规定外商以“担保票据”形式向英国领事馆缴纳关税。

1854年7月，清政府被迫同意英国、美国和法国领事推荐的洋人组成江海关税务管理委员会，不久，税务委员会的领导权落入英国领事威妥玛手中。一切华洋属员的任免权都在这个委员会；海关的一切档案、册籍和公文，各委员可以任意调阅。另外，他们自己还要保存一套英、汉文册籍，以备定期呈各国领事查看。税务管理委员会实际上是各领事馆的附属机构。

如此一来，上海形成这样一个局面：一个是上海道台领导下的老关，只管理华商民船贸易的税款征收；另一个是税务管理委员会，本来是一个辅助部门，却管理着“夷税”征收大权。

税务管理委员会接管关税征收权后，对海关进行改革、人员进行压缩（只有19人），分工明确，各司其职，各负其责，关员分为税务监督、通事、汉文文案、扦子手、艇长、水手六个等级。在这之前，江海关仅征收“夷税”的人员就有44人，分为舍人、家人、提舱手、栅夫、更夫、饭夫、水火夫、贴写、巡役九个等级。洋人管理海关后，关员的待遇大大提高，最高的月薪达到 500 两，最低的 30 两，所有人员安心工作，珍惜职位。与此相比，清朝海关人员的收入就少得可怜了，以江海关为例，当时最高级别关员的月薪是 3.3 两，更夫、饭夫之类低级人员的月薪，只有 1.5 两。

英国人李泰国接替威妥玛后，参照英国海关模式，把江海关打造成一个新式海关，工作效率大大提高，受到外国商人的称道，即使是清政府的官员，对此也多持肯定和赞许态度。

税务管理委员会采用与清朝海关完全不同的方式办理海关手续，一切手续要外商亲自办理。税务管理委员会不再实行包税制度，实行应收尽收、尽收尽解的办法，税收明显增加，1855 年收税 176 万两，比 1854 年多收 116 万两。

建于 1893 年的江海北关

洋人领导下的江海关，工作效率大大提高，减少了包税制度的腐败，税收大幅增加，清政府比较满意，为日后洋人管理全国海关打下了基础。

# 全国海关统归洋人管理

1859年1月，何桂清被内定为各口通商大臣后，又内定李泰国为“总管各口总税务司”。5月10日，何桂清到上海巡视，李泰国得到消息后，立即前来拜访，说海关监督由地方大吏兼任，他们有权有势，各自为政，既不按条约规定征税，也不按条约规定对进出口贸易进行管理，如果不把他们手中的权力夺过来，海关行政统一难以实现。何桂清没有同意。

李泰国像

李泰国又说，《天津条约》规定，中国政府赔偿英国军费400万两和法国军费200万两，以海关征税总额的1/5摊付，如果各海关各自为政，无法统筹，赔款无法如期偿还。

这句话一下子说到何桂清心里去了，作为两江总督、通商大臣，他何尝没有这样的忧虑！但何桂清知道，关税还牵扯各地政府利益，弄不好会引火烧身。

李泰国看准何桂清心思，专门拣何桂清的紧要处说。他说，何大人是通商大臣，如果海关不能完成任务，皇上就要追究您的责任。李泰国接着又说，他的要求并不多，赋予他人事任命权就行了。

何桂清认为税务司是帮助海关监督办事儿的，应该由各海关监督发给任命书。李泰国则认为只有授命他自由选任的权力，才能更好地开展工作，完成税收任务。

由于《天津条约》附约《通商章程善后条约》明确规定，“任凭总理大臣邀请英（美、法）人帮办税务并严查漏税”，“各口划一办理”，何桂清犹豫再三终于答应了，他给李泰国发了一道札谕，说各海关所用外国人都由李泰国选募，如有不妥，予以斥退。这样，李泰国就有了人事大权，全国海关的人员进出由他一个人说了算。

何桂清这一道札谕，造成海关监督与税务司难以调和的矛盾，导致海关监督和税务司的任命机关不同，隶属关系也不相同。

因为太平军在江南得势，李泰国认为中国很快要改朝换代，他不愿意在

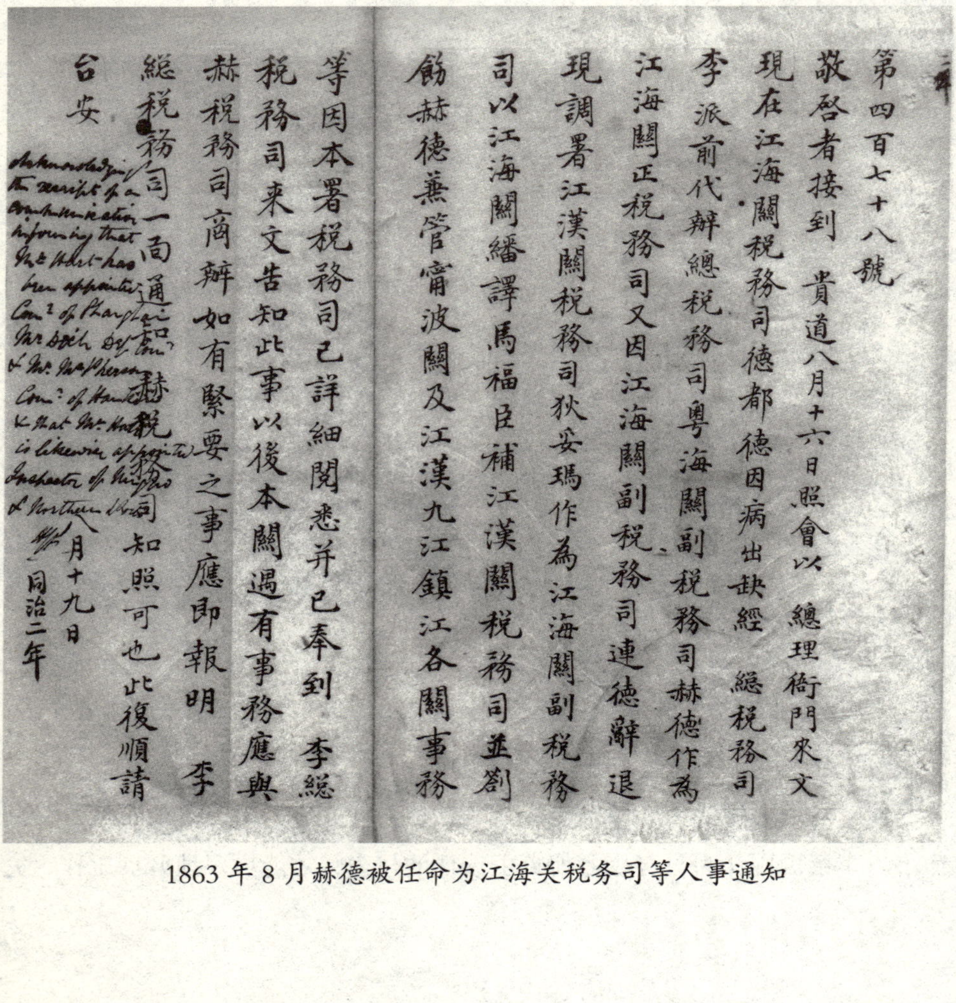

第四百七十八號
敬启者接到 貴道八月十六日照會以 總理衙門來文現在江海關稅務司德都德因病出缺經 總稅務司李 派前代辦總稅務司粵海關副稅務司赫德作為江海關正稅務司又因江海關副稅務司連德辭退現調署江漢關稅務司狄妥瑪作為江海關副稅務司以江海關繙譯馬福臣補江漢關稅務司並劄飭赫德兼管寧波關及江漢九江鎮江各關事務等因本署稅務司已詳細閱悉并已奉到 李總稅務司來文告知此事以後本關遇有事務應與赫稅務司商辦如有緊要之事應即報明 李總稅務司一面通知 赫稅務司 知照可也此復順請
台安
同治二年八月十九日

1863 年 8 月赫德被任命为江海关税务司等人事通知

1945年颁发的中华民国海关奖章

这个过程中留在中国，免得将来惹祸上身，1861年年初，他急急忙忙回英国休病假。

再后来，李泰国被炒鱿鱼，由赫德继任。

赫德去拜访英国公使威妥玛，说由于关务和条约义务间的关系，需把关税征收和行政管理两项权力从地方当局手中剥夺过来，直接由他负责，保证制度的统一，避免地方官员对海关的干预。

威妥玛认为凭他一个人难以办到，即使英国公使馆出面帮助，怕也难以做到。赫德自信地说，不用公使馆的帮助就能做到。威妥玛希望好消息早日传来。

英国公使馆表态后，赫德开始行动了。他摸清清政府缺钱花的心理和中央与地方争钱花的实际，专门提钱的事儿。他对总理衙门大臣恭亲王说，如果海关不改革，关政不统一，各省自行其是，都打关税的主意，则最终各省得实惠，朝廷受损失；如果任其发展下去，使一些省的官员拥钱自重，对朝廷构成威胁。海关监督与税务司常为权力发生争执，一切事情都得听从各省的命令，严重影响了关税安全。恭亲王认为赫德说得很有道理，他也看出海关改革可以使朝廷得到实惠，于是全力支持赫德对海关进行改革。

1864年8月13日，赫德将其草拟的《海关募用外国人帮办税务章程》26条呈递总理衙门。此时，中国已在14个通商口岸开办新关。总理衙门收到呈文后，根据赫德所拟的章程略加修改，成27条，主要内容是：总税务司署归总理衙门管辖；各地海关仍由监督负责，但税务司系由总税务司所派，非监督属员，且只对总税务司负责；所有洋关员的征募、调派、撤换、薪金等，由总税务司决定。另外，各关税务司负责办理收税事宜，防止走私漏税，并按期将收入、支出、罚款三项造表报告。章程对内部人事、行政制度作了明确规定，确立了海关垂直管理体制。

《海关募用外国人帮办税务章程》解决了总税务司与海关华洋关员间的问题，还解决了总税务司和总理衙门之间、海关和政府之间的关系问题。根据这个章程，总税务司只对总理衙门负责，只受总理衙门大臣的领导，不接受来自总理衙门以外任何部门的命令。其他机关对海关如有要求，要经总理衙门转达。这样，不但海关行政统一了，还把海关从清朝行政系统中独立了出来。

打字机

# 海关选人百里挑一

1874年2月22日，一个牧师朋友来找赫德，想让在伦敦大学读书的儿子乔治到中国海关工作。赫德让乔治在伦敦参加考试，如果合格，就乘法国邮船来上海。为此，他寄给中国海关伦敦办事处的金登干一个报考名单，有韩威礼、阿歧森、格雷、乔治、巴恒利。赫德告诉金登干，通过考试，达不到要求、不符合条件者，坚决不录用。

结果，乔治名落孙山。金登干给赫德汇报说，乔治是最不像样的一个考生，还是个拐腿子。赫德认为这样的家伙就是考试合格也不能录用，连路都走不稳，有损海关形象。

海关在上海、九龙、广州、大连、青岛设有考点，在伦敦的考点专门办理洋人入关考试。考试很严格，不徇私情。

对一些有头有脸的官员推荐的人选，赫德也不客气。西班牙公使玛斯向赫德推荐一名西班牙人，赫德当即拒绝，他说海关现在没有空额，此外，这个人超过了23岁。

在海关招录关员这件事情上，不但赫德坚持原则，海关驻伦敦办事处主任金登干也不讲情面。金登干是主考，他也和赫德一样，认为中国海关关员必须德才兼备。

有一个叫邓干的英国小伙，听人说中国海关工资高，又听说他的父亲与金登干是好朋友，连大学也不上了，非要到中国海关来工作。他父亲满怀希望去找金登干，请求关照，但金登干告诉他，要先参加考试。结果，邓干考的很不理想，没有录取。金登干对邓干的父亲说，你的儿子还太年轻、太稚气，他应该再上两年大学才有资格被海关录用，如果现在就任用他，对别人是不公平的。

所有关员入关前，必须未婚。对年龄也有一定的限制，内班年龄一般在19~23岁，外班不超过30岁。内班关员要受过普通高等教育，体检合格，才能录取。外班洋关员以健康状况和品德为重。外国一些水手、退役士兵如果有一点儿文化知识，可进入中国海关从事查验、巡江等工作。

海关高级洋员德维斯

雇用洋人来中国海关，由海关驻伦敦办事处具体负责，从与中国签有条约的国家中选用，主要考虑因素是该国在中国的贸易量大小、债权多少、政治势力强弱等。

海关不但重视用考试的方法搜罗人才，同时还能做到不拘一格选人才。赫德多次对金登干说，假如谁真的是一位不可多得的人才，就破例录用他；假如他“不行”，立即对他说“不”。

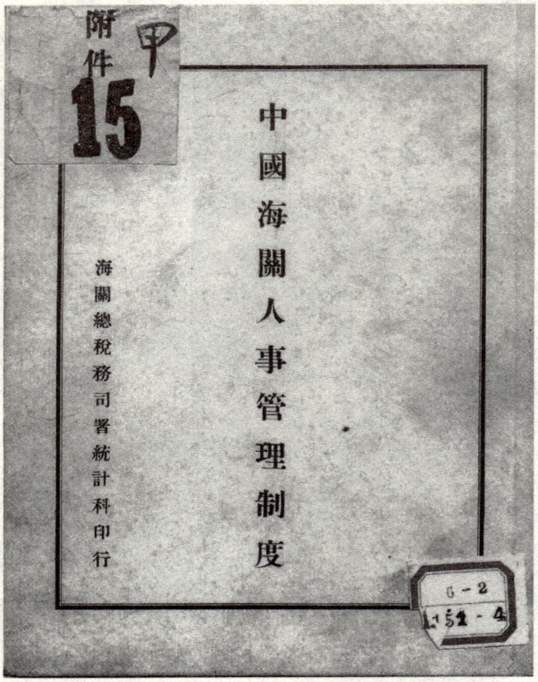

《中国海关人事管理制度》

金登干认为，这样选拔人才也有偶然性，不一定能够得到有真才实学的人，他建议对每项任命都提3名候选人，并把全部或部分名额交给联合王国的公学或学院的校长们，让他们来推荐优秀人才。

海关的专门人才和急需的高级人员虽不经考试，但选择、调查程序到位，做到百里挑一。

赫德还常说，要把文学或科学方面出类拔萃的人才招进海关，为海关增光。

海关十分重视荣誉和影响，无论是洋关员还是华人关员，如果懒散草率、不守时、玩忽职守、不胜任工作、好争吵、不服从上级命令、无故缺席、泄密、贪污、盗用公款、贿赂、经商、酗酒，以及有重大不道德行为的，要受到处分，根据情节轻重，可能被训斥、停职、停薪或开除。洋关员殴打华人关员，要立即开除。

为了提高关员的工作效率，海关制定了一系列办事细则。这种办事细则，被称为“诫程”，有《新关内班诫程》、《新关外班诫程》、《新关理账诫程》等。“诫程”把各部门的职责范围、应办和不应办的事情规定得非常清楚，操作性也很强。因为各部门制定有办事细则，职责分明，工作效率也有了保证。

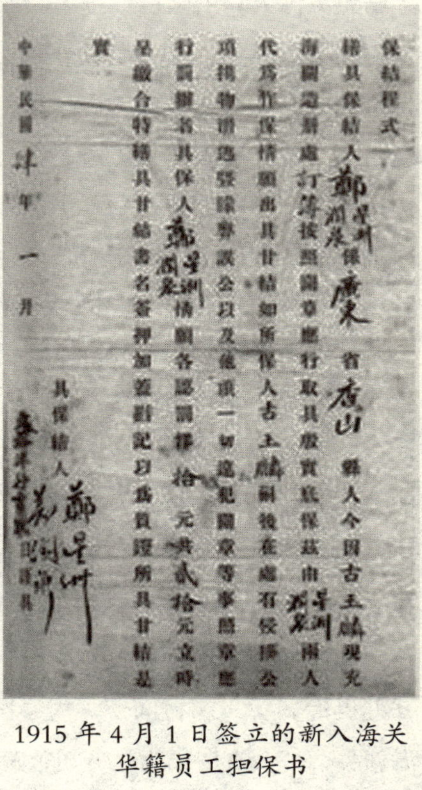

1915 年 4 月 1 日签立的新入海关华籍员工担保书

洋人帮办由三等提升二等、由二等提升一等，汉语考试必须及格，或者任职不少于 6 年。税务司级别的提升，由总税务司从副税务司或头等帮办中选拔，要考虑其国籍、品性、汉语能力等多项条件，一般要在前一个职务上干满 3 年。汉语不及格，或依靠翻译才能处理文件的，不能提升为税务司或副税务司。

因为各种制度得到认真执行，晚清时期海关没有出现过大的腐败问题。

# 国际官厅

英国是老牌帝国主义国家，在华势力长期占据优势地位，清末民国期间的五任外籍总税务司中，前四任总税务司都是英国人。第二次世界大战中，由于美国在华势力急剧膨胀，英籍总税务司梅乐和退休后，美国人李度接任，才结束英国人对中国近代海关的控制。

《天津条约》签订后，外籍税务司制度推行到全国海关，外国人以“帮办税务”的理由大量进入中国海关。英、美、法三国从“帮办”中国税务中捞到不少好处，其他国家也要派人到中国海关来“帮办”，最多时有23个国家的人员在中国海关工作。

潮海关税务司放行货物专用关防印章

《天津条约》附约《通商章程善后条约》签订后，两江总督何桂清委任李泰国为总税务司，各海关所用外国人由他来招收。何桂清无论如何也不会想到，他的这个委任，不仅给中国海关留下了无穷后患，而且确立了英国人在中国海关的主导地位。1859年9月，李泰国开始行使总税务司职权时，英、法联军正占领着广州，英国驻广州领事游说两广总督劳崇光和粤海关监督恒祺，邀请李泰国到广州开办粤海新关，获得同意。李泰国带着开办江海关的经验来到广州，组建粤海新关，任命吉罗福为税务司，赫德为副税务司。

李泰国任总税务司的时候，仿照英国领事馆的用人办法，所有重要职位，一律任用英国人；职别低又不重要的职位，才雇用华人。

李泰国被免职后，赫德接任总税务司。赫德的指导思想是，海关领导权

税务司李赫德

必须掌握在英国人手里，同时，海关应作为一个国际性组织。为此，他在任用各海关税务司时，把人员国籍作为一个重要选择条件，并尽力与各国驻华公使维持良好关系。为了讨好各国公使，他还主动要求各国公使派人到中国海关来。

在中国海关里，洋关员有绝对管理权，对华人关员实行绝对统治。赫德还把洋关员从清朝行政人员中划分出来，称为“治外法权化”的人员，作为中国官员的洋关员，不受中国法律约束，他们如果犯法，只受本国领事的裁判，清政府无权执法。海关实权全部掌控在洋人手中，他们可以找各种各样的借口，为他们在海关中的行为开脱。

1860年，英法联军进攻北京，各国公使开会决定，海关中的洋关员继续在海关工作、在各自岗位上继续执行职务，对中国和各缔约国都是最好的服务。

中法战争时，海关向法国政府声明，法国籍关员照常任职，不会受到任何影响。

正是他们这些人暗中提供中国的政治、经济、军事情报，使英军、法军在与清军作战时，省了许多心思。

为了维护海关的安定局面，赫德主张有约国共管海关，任何有约国都可以向中国海关派人，不过他还是尽量培植英国势力。海关不但采取“西化”管理，而且工作语言、公文、报关单等都要用英语。

英国人控制着海关，其他国家难以改变这种状况，便退而求其次，想办法控制一个或多个地方海关，于是就要求任命他们的人为税务司或其他高级职位。

1895年以前，海关各国洋员以英、美、德、法四国占多数，这大致符合当时列强在华的势力，所以海关这个“国际官厅”还比较稳定。19世纪90

年代中后期，随着中日甲午战争的爆发，日本势力迅速渗透进中国海关，到1899年，中国海关已有日籍关员15人。

《辛丑条约》后，海关接管通商口岸五十里内常关，业务量进一步扩大，洋关员也大为增加，1906年达到1300人，1910年增加到1468人。

第一次世界大战爆发后，一些欧洲国籍的洋关员奉命回国参战，海关决定从此“不再雇用”他们。

1917年8月，北洋政府对德国和奥地利宣战，时任总税务司的安格联决定，海关中所有德、奥籍关员全部撤出中国海关。

安格联把洋关员腾出来的位置让华人关员代替，或者调业务量小的洋关员到业务量大的海关来顶替。第一次世界大战结束后，他又改变主意，不但接收被解雇的洋关员，还以参战奖金的形式，发给停职期间四分之一的工资，就连他们家属来中国的船票，海关也给报销了。

1920年，海关中有洋关员1228人，1921年为1301人，1922年为1312人。

海关中所有重要职务，由洋关员充任。1925年，全国海关共有税务司43人，其中英国27人。全国海关帮办157人，英国海关占了62人。此外，还有30人任副税务司。日本居第二位，有2人任税务司，5人任副税务司，31人任帮办；法国居第三位，有税务司7人，帮办10人；美国居第四位，税务司、副税务司各1人，帮办14人；俄国居第五位，帮办14人，意大利居第六位，税务司、副税务司各1人，帮办7人。

闽海关书记张仰文

虽然都是老外，也分三六九等，英国人享受的待遇最好，其他依次是法国人、美国人、德国人、意大利人、日本人、葡萄牙人、比利时人、西班牙人、丹麦人、瑞典人、挪威人、俄国人。总税务司署的工作人员，仅从英、法、美、日、意五国人员中挑选，其他国家的人员，原则上不准在总税务司署供职。

1927 年，南京国民政府在财政部设关务署统辖海关，使海关在整个行政系统中的地位下降一级，削弱了海关权势，降低了海关地位。

关务署成立“改善关制审查委员会”，研究决定提高华人关员待遇，停止招用洋人进关，限制洋人在中国海关的数量。

1929 年，海关奉令停招洋关员。此后，洋关员人数不断减少：1930 年 1133 人，1932 年 1075 人，1934 年 960 人，1936 年 894 人，1937 年 856 人。

# 海关与洋务运动

由于战乱频仍，灾荒不断，1865年，安徽的寿州、凤阳、宿州、太湖等40州县分别受水、旱灾害，出现饥民相食现象，甚至公开出售人肉，引起朝野震惊，赫德以此为契机，向总理衙门提出改革内政外交的建议（即《局外旁观论》说帖）。

他还暗示，他的劝告如果得到采纳，中国将会变得强大，否则，中国就会在国际上沦落到被奴役的地位。他并不讳言，这些改革也有利于西方各国，但中国受益更多。

他提出的改善方案是：

一、凡是外国好的做法，都应该学习借鉴。铸银钱便民用，做轮车利于人行，造船便于航行，用电报机提高通信速度。

二、皇帝允许召见各国大臣，以免外国借端生事。

三、派委大臣驻扎各国。

四、准许洋商和华商共同建筑铁路、建造轮船。

总理衙门将《局外旁观论》说帖呈递同治皇帝御览，并奉上谕交各地督抚讨论。一石激起千层浪，《局外旁观论》引起一场轩然大波，各督抚先后专折上奏，提出批评。湖广总督官文斥之为“包藏祸心”，江西巡抚刘坤一认为“断不可从其所请”，两广总督瑞麟和广东巡抚蒋益澧则说“自强之道，不待外求，毋庸变其法”。闽浙总督左宗棠则认为，只学西方的造船便可，洋人的来福枪，还比不上广东的鸏枪，电报等技术徒有其表而不适用。左宗棠

恭亲王

还说，赫德所递论议说帖，“悖慢之词，殊堪发指”，我们待赫德这般优厚，他竟敢如此张狂，就是因为他是英国人，唯利是图。

曾国藩主张，中国应委婉地拒绝外国人提出的修筑铁路、铺设电报线路、内地通航等要求，这些活动有损于中国国民的生计，不过，矿业是潜在的利源，初创阶段，可以利用外国的开采工具。

尽管如此，《局外旁观论》还是影响了一大批手握重权的洋务派人士，为中国近代化起步提供了思想资源，成为清政府着手全面推行洋务运动的重要参考。

天津机器局

以恭亲王为首的大臣们认识到，只有开展洋务运动，才能与英、法等国抗衡，才能维持大清帝国正常运转。

《局外旁观论》在全国高级官员间讨论后，洋务运动在争议中逐渐开展起来。

1865 年冬，赫德连同总税务司署迁到北京，一面开辟和整顿海关，一面鼎力协助总理衙门开展洋务运动。

海关外籍税务司制度建立后，关税收入日有起色。1866 年上半年，英、法两国 1600 万两赔款全部还清，总理衙门当即上奏：赔款还清后，按季提四成解交部库，另款存储，以备急需。到 19 世纪 70 年代，这笔关税款每年达

400 万两，正好成为兴办洋务的经费来源。

在总理衙门大臣们心中，要兴办洋务，就必须依靠海关的财源。

海关是大型洋务企业的财神爷，从 19 世纪 60 年代中期开始，陆续兴办江南制造局、福州船政局、天津机器局等几个大型军用工业。兴办这批企业，前后投入近亿两银子，这笔巨款主要来自海关税收。

1865 年 6 月，江苏巡抚李鸿章和上海道台丁日昌在上海筹建江南制造局，造船造炮。工厂设在虹口，后因扩大规模，迁到高昌庙，占地 70 余亩，工人 2000 多名。局内设有汽炉厂、机器厂、熟铁厂、木工厂、铸铜铁厂、火箭厂（炮弹）、枪厂、轮船厂，是清朝最大的军事工业。1868 年 7 月 23 日，江南制造局造出第一艘轮船，取名“恬吉”号，为木质明轮，船身长 18.5 丈，宽 2.72 丈，马力 392 匹，载重 600 吨，装备有 9 座大炮。其汽炉、船壳为自造，机器是购买的旧机器修理后安装上去的。“恬吉”号行驶至南京下关，两江总督曾国藩亲自上船试航，颇感欣慰。

刚开始，制造的轮船不怎么样，不仅费用昂贵，质量也有问题，远不如进口轮船实惠和耐用。1885 年，江南制造局停止造船，改为专门修理北洋水师兵舰，制造枪炮子弹和火药。江南制造局的经常性费用支出，主要由海关提供，每年按一定比例提取，最多时拨款 150 万两。从 1867 年至 1904 年，海关共拨了 3840.3 万两银子给江南制造局，占其年收入的 87% 以上。

福州船政局于 1866 年创办，开办费 47 万两，由闽海关拨付。从 1866 年 12 月起，闽海关每月拨 5 万两。后因闽海关税收减少，每月拨 3 万两。

福州船政局生产的第一艘船取名“万年青”号，于 1868 年 1 月 18 日动工，次年 6 月下水，船长 23．8 丈，宽 2.7 丈，150 马力，主机由国外进口，大部分配件自造，造价 163 万两。沈葆桢令台澎道台吴大廷带船北上天津，接受朝廷的检验。“万年青”号经过 20 天航行，到达天津，三口通商大臣崇厚奉命登船检验。1869 年 11 月 8 日，趁潮涨浪起，“万年青”号驶入茫茫大海，在海中披棘斩浪一番后返航，崇厚大笔一挥，写下“验收合格”四个大字。

“万年青”号成功验收，标志着中国向近代造船工业迈出了重要一步。

到1907年，福州船政局已造大小军舰和商船44艘，供各省巡防缉私用。

福州船政局

从1866年至1895年，海关共拨给船政局1687万两，加上后来续拨，超过2000万两。

不仅大型军用工业如此，地方省办的中小军用工业，同样也靠海关税收开办或维持。

1890年，张之洞将广东枪炮厂搬到湖北，开办湖北枪炮厂，制造枪炮弹药，经费先是由湖北地方财政拨款，后来，朝廷下令江汉关、宜昌关每年各拨银10万两给它。不过，宜昌关每年只拨5万两。

# 大清国“第二外交部”

总理衙门初设时，缺乏外交方面的知识，对国外的情况也全不了解，而赫德等洋关员在这方面具优势，总理衙门就干脆把总税务司署从上海迁到北京，置于其直接领导下，经常就外交、商务等问题征求赫德意见，特别是在国际问题上，大臣们只有从他那里获得情报和建议。

赫德画像

为了让大臣们了解更多的国际法知识，海关参与管理的同文馆印刷出版了丁韪良翻译的《万国公法》。此后，同文馆还组织师生翻译了《公法便览》、《公法会通》、《法国律例》等。

赫德再三开导总理衙门，向国外派驻使团只有好处，没有坏处，派驻使团可与各国加强沟通，消除误会。

在赫德的一再建议下，朝廷决定利用赫德回国探亲之机，先派出一个考察团前往西方国家。这个考察团以总税务司署文案斌椿为首，同文馆学生凤仪、德明（张德彝）、彦慧、广英（斌椿的儿子）为考察团成员。

赫德又指定粤海关的英国人包

腊、烟台关的法国人德善随同前往。

1866 年 3 月 6 日，斌椿一行离开北京，半个月后，从上海乘船赴欧洲。他们在欧洲呆了 110 多天，访问了法国、英国、荷兰、丹麦、瑞典、芬兰、俄国、普鲁士、比利时等十多个国家和地区，考察了火车、轮船、电报、电梯、活字印刷、铁路隧道、蒸汽机、起重机、扬水机、化学镀金法、显微镜、幻灯及兵工厂。另外，他们还参观了埃及金字塔、古太阳神庙，大英博物馆、英国议院、报社、植物园等。

1866 年 10 月 26 日，斌椿一行回到北京。

斌椿一行虽在欧洲游历时间有限，多为走马观花，却开创了清政府官方代表出洋先例，增进了中国对世界和世界对中国的了解。

考察团的另一个成就，直到 1919 年才体现出来。张德彝在《航海述奇》中有一段介绍西洋标点的内容：

西方各国书籍，句读勾勒，讲解甚烦。如果句意义足，则记“。”；意未足，则记“，”；意虽不足，而义与上句黏合，则记“；”；又意未足，外补充一句，则记“：”；语之诧异叹赏者，则记“！”；问句则记“？”；引证典据，于句之前后记“”号；另加注解，于句之前后记（ ）号；又于两段相连之处，则加一横“——”。

这段记述，引起胡适等六教授关注，1919 年 4 月，在国语统一筹备会第一次大会上，提出《请颁行新式标点符号方案》，要求政府颁布通行“，。；：？！——（ ）《》”等标点。后来，胡适对方案作了修改，把原方案所列符号总名为“新式标点符号”，获得批准。

之后清政府又派出以卸任美国驻华公使蒲安臣任团长的外交使团，前往西方国家。

1868 年 2 月 25 日，蒲安臣和随行人员从上海乘船出发，先到美国。在美国和安德鲁·约翰逊总统作了一次会谈后，又和西华德国务卿签署了一项条约：美国保证对中国的发展执行不干涉政策，中国可以派使领人员和劳工前往美国，同时，彼此有权在对方国家居住、传教和留学。

蒲安臣外交使团

这个条约是蒲安臣自作主张签订的，事先未征得中国的同意，但朝廷对条约内容很满意，没有否认这个条约的合法性。

之后，蒲安臣带着使团去英、法、普鲁士等国。

1870 年 2 月，蒲安臣病逝于俄国圣彼得堡，使团由志刚带领先后访问布鲁塞尔和罗马，同年 10 月回到北京。

从 1869 年 2 月 25 日乘船离开上海，在一年零八个月的时间里，这个使团先后出访美国、英国、法国、瑞士、丹麦、荷兰、普鲁士、比利时、意大利、德国、俄国等 11 个国家，水陆行程合计 12.6 万多里。

这次出访，赴美签订了《蒲安臣条约》；在英、普、俄三国，互换了公文，为以后解决纠纷打下了基础；在瑞士、丹麦、荷兰、比利时、意大利也有答复书或有面谈文件形成，为以后与各国的交往、交涉提供了依据。两次去法国，都遇上法国国内政局不稳定，没有取得任何实际的东西。

蒲安臣使团的正式出访，十分不容易，在赫德再三劝说下才成行。为了这次出使，海关花费了 16 万两银子。

1875 年 2 月，英国驻上海领事馆副领事马嘉理沿长江而上，经汉口取道湖南，去云南中缅边境迎接柏郎上校带领的探险队，到达边境时遇袭，马嘉理和 5 名中国随员被打死。

事件发生后，英国政府执拗地要中国负责，指令威妥玛向中国索取赔偿。威妥玛要求对云贵总督等官员进行惩处，抚恤死者家属，同时，还就过境税、外交礼遇、派使团前往英国道歉等问题提出要求。总理衙门答应调查和赔款，其他问题不能接受。

威妥玛一怒之下，下令将使馆人员撤到上海，并以断绝外交关系相威胁。

总理衙门慌了手脚，一面上奏派郭嵩焘率领使团去英国道歉，一面命令赫德到上海追威妥玛，避免谈判破裂。赫德居间调停，乘机为英国谋取利益，扩张海关权力。1876年9月13日，中英《烟台条约》签订，马嘉理事件获得解决。条约的主要内容有：一是中国赔款20万两银子；二是中国派专使到英国道歉；三是英国派官员从印度到云南调查5年，查看通商情况，以便商订章程；四是扩大领事裁判权；五是增开宜昌、芜湖、温州、北海为通商口岸，大通、安庆、湖口、武穴、陆绩口、沙市为轮船停泊码头；六是租界内的洋货免收厘金，洋货进入内地，不论洋商、华商只纳子口税，各项内地税全免；七是英国探路队从北京启程，经甘肃、青海或四川，进入西藏转赴印度，也可派员由印度进入西藏。

赫德与八国联军官员商讨对话议和条件

马嘉理事件后，中国派遣郭嵩焘使团赴英国。1877 年 2 月 8 日，郭嵩焘向维多利亚女王呈递了大清皇帝的道歉信后，便在伦敦设立中国公使馆。两年后，清政府在巴黎、柏林、西班牙、华盛顿、东京和圣彼得堡也设立了使馆。

华工筑路纪念碑

海关影响和参与清政府外交是多个层面的。在北京有总税务司赫德对总理衙门施加影响，在地方各关的税务司们也极力向各省官员施加影响。最有影响的是津海关税务司德璀琳。德璀琳和直隶总督兼北洋通商大臣李鸿章经常接触，他主管的津海关和李鸿章的总督衙门都设在天津，津海关的重要工作要向北洋通商大臣汇报。李鸿章是清政府中和资本主义国家关系最密切的官僚，熟悉洋务，重要的外交问题，大都通过他出面办理，他以津海关税务司德璀琳为智囊。

华工筑路劳动情景

海关为清政府开拓外交起了作用，因为这种外交活动是非正式的、间接的，所以，赫德把这种外交叫做“业余外交”。

# 大清国海关伦敦办事处

1872年12月，美国驻厦门领事李仙得休假回美国，路经日本时，在美驻日公使德朗的带领下，与日本外务大臣副岛种臣会面，策划美日联合谋取台湾。李仙得在厦门任领事时，也负责台湾事务，凭借这个有利条件，多次到台湾收集情报。回美国时，他随身携带了一套有关台湾海岸、内陆及民族分布的地图、照片等资料。副岛种臣听说李仙得熟悉台湾情形，大喜过望，决定聘请李仙得为赴中国使团参赞，授予陆军大将军衔，并许诺日本占领台湾后，由李仙得任台湾总督。

这个消息引起赫德的警觉，他认为必须采取有力措施，否则事情就会朝着不利于中国的方向发展。

赫德还看到，列强已全面包围中国，西北和东北有俄国人虎视眈眈；西南有英国、法国通过印度、缅甸和越南，威胁西藏、云南、广西、贵州；日本人早就盯上了朝鲜、台湾、琉球，东南沿海又是不设防的海岸，很容易打进来。

形势严峻，应该为中国做一些防范工作，赫德首先想到的是中国海关伦敦采购处。

伦敦采购处的职责主要是为中国海关采购灯塔、航标工程所需器材，招聘洋人入关。为了拓宽海关事业，扩大海关影响和不负朝廷的器重恩宠，经总理衙门批准，赫德对中国海关驻伦敦采购处进行改组，扩大其职责范围，将其由单一的采购部门变成一个以外交、情报收集、采购为主的综合机构。

经过再三考虑，赫德选派金登干回伦敦，主持办事处工作。金登干赴任前，赫德对他交代说，他的任务有两项，一是购买和发送过去订购的物资，二是处理一些机密工作。

赫德还推心置腹地说，刚开始他拿不准给金登干什么名义，想用“供应税务司”来称呼，但觉得这名义会妨碍他办理机密工作，就放弃了；后来又想用“中国专员”这个名称，但这个名称含义太广，会引起人们猜测和非议。最后决定，把金登干的职务定名为“伦敦办事处主任”，办事处的全称叫“大清国海关总税务司署驻伦敦办事处”，这样，既不会名不符实，也可以办理采购以外的事务。

金登干

当时，中国尚无驻外机构，海关驻伦敦办事处是中国政府在国外的唯一代表处。伦敦办事处后来在搜集情报、采购军火和外交斡旋上，发挥了作用，确实帮了朝廷大忙。赫德通过伦敦办事处代购了一批军舰，一度把北洋水师打造为亚洲第一、世界第六的强大海军力量。然而，由于晚清政府昏聩无能，对北洋水师后期投入严重不足，“亚洲第一”的位置仅保持了一两年，就被日本联合舰队超过。

赫德对金登干日常工作进行了明确界定，要金登干把工作重心放在西方国家政治情报的搜集上。他说，对中国有影响的消息，无论是直接的还是间接的都要搜集；内阁首相和大臣，以及驻北京使馆的公使和秘书变更，都值得了解；要把在英国和欧洲大陆打听到的政治经济情报，以及外国报纸对中国的评论，详细报告。

他们二人几乎每天都要通信或发电报，电报密码由双方拟定，经常变换，有时交换使用。金登干的来电，由赫德专门指定的助手译出；赫德发到伦敦的电报，由金登干自己译出。他们之间的函电，一直严格保密。如果有涉及中国的情况，赫德再转告总理衙门。

拍电报的费用很高，赫德在所不惜，从金登干这条渠道，赫德获得了大量欧洲甚至是世界政治、军事情报，从而使他对世界形势的了解，远比总理衙门全面；处理国际事务的视野，也远比总理衙门大臣开阔。为此，1885年6月24日，清政府专门补偿给赫德电报费1万余金。

赫、金两人在34年中（除北京发生义和团事件，赫德被迫中断外），从没断过通信，不是手写，便是电报。其中，信件共3528封，电报4496件，既展示了他们两人的内心世界，也展示了列强在中国的勾结与争夺，成为研究中国乃至世界近代史的重要资料。

1876年11月，中国政府派郭嵩焘和刘锡鸿出使英国，并正式建立使馆，这是中国历史上派驻国外的第一个使馆。除二人外，还有2名秘书、4名随员、4名翻译、2名医生、6名充当勤务兵的下级军官、3名女仆、40名男仆。

为了减少外界对使团工作的干扰，防止他人影响和控制郭嵩焘，赫德告诉金登干，把在欧洲休假的关员派到巴黎去迎接，直到郭嵩焘完全安顿下来，适应伦敦的节奏。

赫德还专门给金登干拨去专款，他给金登干发电说，要在英国广泛宣传：郭嵩焘使团的到来，不是暂时的，也不是来谢罪的，而是中国走向世界、融入世界的第一步。

人生地不熟且对外交还不太懂的郭嵩焘使团，多亏了海关伦敦办事处的帮助，得以顺利开展活动。

英国公司在华无理，也需要金登干在伦敦应付。

1874年2月，英国太古洋行的Cadiz号趸船停泊在长江镇江江面，用一座浮桥和英租界相连。这年夏天，因洪水造成江面产生旋涡，将河床冲陷，堤岸严重塌方，镇江官员和镇江关税务司吴得禄分别责令太古洋行将这艘趸船转移，太古洋行不理睬。镇江道台一再向英国驻镇江领事发送公函，要求其责令太古洋行暂时把趸船移开，以便考察堤

郭嵩涛

岸受损情况；吴得禄也向英国领事馆再三交涉，均遭拒绝。

堤岸受损情况越来越严重，不得已，吴得禄扣留了太古洋行趸船的海关许可证，这样进入镇江的一切船只，必须绕过这只趸船，接受海关对货物的检查。

吴得禄这样处理，本来无可指责，也是正确的，但英国人却闹起来，引起外交纠纷。

事情很快汇报到总理衙门。

总理衙门征询赫德的意见，赫德说镇江海关的处理，原则上是正确的，但时过境迁，现在英国人闹了起来，要做一些让步。

总理衙门听了，态度坚决地说，没有处理错就应该坚持下去。

赫德写信指示金登干说，海关不能让步，这件事必须提交英国外交部，现在总理衙门正准备给中国驻伦敦公使郭嵩焘下指示，总税务司署尽快把案子的卷宗准备好，去征求伦敦法律界的意见。

他还在信中对金登干说，停泊和调整泊位是中国的固有权利，从未放弃，中国一向径行裁决，无须通过外国当局。一艘船移动与否，本来不是什么大不了的事情，但是英国公使馆的权势也太大了，已经危害了原则和权利，因此，必须全力以赴，争个水落石出，争到最后一个人、最后一分钱。这件事情是不幸的、失策的，既然已经欲罢不能，必须争到底。

通过伦敦办事处的努力，海关取得了胜利。

# 海关的“海务”工作

1895年5月，李鸿章乘炮舰从上海回天津，过了连云港，海面突然弥漫起大雾。李鸿章下令舰艇靠岸，等雾散后再行驶。但船长告诉他，海关在沿海要紧处设有灯塔或浮标，夜、雾航行皆可。

在以后的航行中，李鸿章留心了一下，果然，海关设置的警船、灯塔、望楼、浮椿，不时出现，有时灯闪，有时号角响起，有时钟声传来，引导船只航行。

李鸿章对此很是满意，回到天津后，立即上奏朝廷说，中国海面辽阔，港汊纷歧，绵沿万余里，海关在沿海、内河设立260多处警船、灯塔、浮桩后，往来船只即使遇风、遇雾，也不会迷向触礁，对军舰、商船行驶，大有好处，朝廷应降旨嘉奖海关。

近代条约规定，华洋商人洋式船出入通商口岸，由海关征收船钞（也称“吨税”），用于海务设施改善。1858年10月《通商章程善后条约》第十款规定：总理大臣邀请英（美、法）人帮办税务，并严查漏税，派人分设浮桩、号船、塔表、望楼等，经费在船钞下拨用。但这个条款停留在纸面上，直到几年后，李泰国、赫德建立新式海关，才开始全面征收船钞。这个时候，正是太平军和清军作战的关键时刻，军费开支巨大，海关征收的船钞都充作了军费。

洋商们不愿意了，开始抨击清政府，认为中国不守信用，不顾外国航船的利益，嚷着要组织一个国际委员会，把海关征收的船钞接管过去。

洋商们还怂恿各国驻京公使向总理衙门提出，把海关历年收的100余万两船钞交给领事馆管理。赫德向总理衙门建议：坚决不答应。

总理衙门认为把钱交给领事们，中国不能过问，不如交给海关，中国还可以问问钱是怎么花的，决定除同文馆所提三成照旧提用外，其余七成交给海关管理，作为建造塔楼的经费。

清政府的决定谁也不理睬，外商仍然吵吵嚷嚷，各国公使和领事们也指手画脚。为了和他们抗衡，赫德争取了英国公使阿礼国的支持。

由于英国公使的支持，改进助航设备的七成船钞，就掌握在了海关手中。赫德以中国海关总负责人的身份，取得这项税款的保管权，使这项税款仍在中国保管下，这和落在一个国际委员会手里完全不同。

20 世纪 30 ～ 40 年代海务标志紫铜版

为了执行这项任务，要建立一个部门来领导。本来，这个部门与海关关系不大，应另行设立，专司其事。赫德认为另搞一套机构、另配一套人马，会把经费给“吞噬”掉，不如组织一个和海关联系在一起的机构，两个部门互相帮助，既节约经费，又可提高工作效率。

1868 年 4 月，赫德发出建立船钞部的通札，海关船钞部正式成立。船钞部的最高负责人是海务税务司，直属总税务司。

海务税务司的职责是建筑、管理沿海、内河灯塔、浮标、雾角和其他航行标志，撤除航道的沉没船只，修浚港口航道，管理航船停泊。后来，海务工作又进一步扩展，主要有五项：维持泊船界内航船的秩序、灯塔浮标的设置和保养、气象观测、疏浚航道、检疫。

海务税务司下辖沿海南、中、北三段巡查司，每个巡查司设巡查司（后改为巡工司）1 人，管理属段工作，中段巡查司驻上海，北段驻烟台，南段驻福州。在巡查司监督下，段内各通商口岸设理船厅，理船厅下面分设港口引水人、灯塔值事人和港口巡吏等。船钞部门和各口税务司署不相统属，为了协调工作，巡查司在执行海务税务司下达命令之前，把命令送有关海关税务司，经海关税务司同意后，才可以执行。

铜沙灯船

经过一段时间的实践，赫德觉得船钞部的组织结构有问题，各巡查司职责不明，权力分散，立即进行调整和改组，把中、南、北三段合并为南、北两段。

1880年以后，逐步形成营造司、理船厅和灯塔处三个部分。营造司专管灯塔、浮标和附属建筑物的设计、工程建筑，并提供先进技术、仪器设备。灯塔处负责管理灯塔的发光和维持。理船厅管理航船行政，指定航船的停泊地段，维持泊船界内航船秩序，规定灯塔、浮标的限界和检疫等工作。

外国人进入中国海关以前，沿海虽然有一些指示航行标志，如宝塔、守望塔、石桩等，少数险要地方设有油盏，引导船只航行，但简陋原始，发挥作用有限。为了满足航船需要，海关按照西方标准，在沿海险要地点设置了灯塔、灯船、浮桩、浮筒、雾角等助航设备，构成连锁体系。在长江、湘江、洞庭湖、珠江、西江、松花江、黑龙江等内河，也设置了助航设备，并由海务部门负责巡视、保养和修葺。这些助航设备，随着西方科学技术的发展，不断进行革新。从1900年开始，灯塔改装成明灭相间的煤油蒸气灯，亮度大为增强。

1899年更新的长江口灯船，用机械撞击巨钟，每分钟3次，每次两响。雾锣、雾钟一般听程为2海里。1871年，长江口铜沙灯船曾设气笛及雾炮，听程4海里。1899年，更新的铜沙灯船改用双响气压雾笛，5海里外可闻。1901年后，凡位置险要地方，均设雾炮或雾笛，有雾时，每隔10分钟或15分钟放一炮，雾炮听程4海里。

后来，花鸟山、佘山、成山角和南澎岛等处灯塔开始使用低音雾笛、雾号，听程10海里。1911年落成的遮浪角灯塔，是当时世界上最大灯塔之一；南澎岛灯塔的气压雾笛，是世界上发声最强的雾角之一。

20世纪20年代末，海关开始在沿海设置无线电指向标（也称无线电桩）。1949年以前，中国沿海建有无线电指向标10座。

经过海关的有效管理，中国一些沿海港口的港务水平达到欧美水平。客观地说，海关的海务工作，虽然服务了外商的轮运业，但也有利于中国商轮、民船和海军舰艇的航行，具有公益性。

船钞部门设立的次年，即1869年，海关气象站设立。

在设立气象站时，赫德指出：海关记录观测气象变化，不但对航海人员提供帮助，还具有科学价值，可以帮助揭示自然规律，为科研人员提供地球的实际情况和数字资料。各海关税务司从在编人员中，选择观测人员。

1870年开始，各海关逐步设立了气象观测站，并把气象观测列入海关的海务5项基本业务之一。

海关气象观测站担负发布大风信息警报的任务，对保障江海船舶航运安全，起着重要作用。上海徐家汇观象台台长能恩施神父，根据海关发布的气象观测报告，绘制出了1879年7月31日台风路径图，这是第一张影响中国东部地区的台风路径图，在航海界和商界产生了很大影响。

1882年10月21日，赫德又通令各海关，将气象观测记录除每天发送徐家汇观象台外，还要发香港及远东其他气象台，为气象台的天气预报提供依据。

海关先后建立了70多个气象观测站，分布在沿海和长江沿岸一些重要口

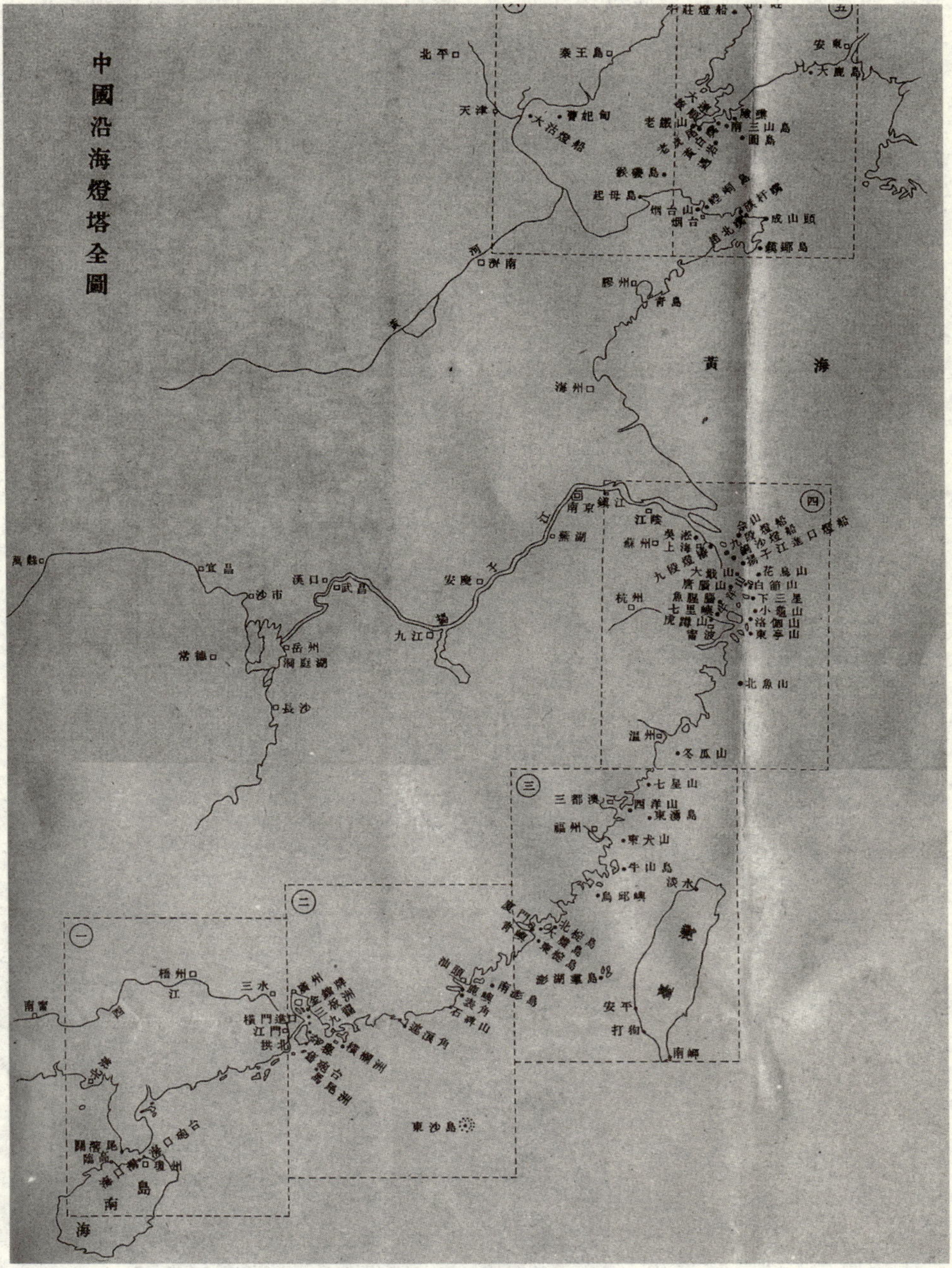
中國沿海燈塔全圖
北平
秦王島
天津
大沽燈船
曹妃甸
安東
大鹿島
老鐵山
南三山島
圓島
起母島
烟台山
烟台
崆峒島
成山頭
鷄鳴島
濟南
膠州
青島
黃
海
海州
南京
鎮江
江陰
吳淞
上海
蘇州
蕪湖
安慶
九江
漢口
武昌
宜昌
沙市
萬縣
岳州
洞庭湖
常德
長沙
杭州
寧波
花鳥山
大戢山
北魚山
溫州
冬瓜山
七星山
三都澳
西洋山
東湧島
福州
東犬山
牛山島
烏坵嶼
淡水
廈門
北椗島
汕頭
南澎島
石碑山
澎湖漁翁島
安平
打狗
南岬
梧州
三水
南寧
江門
拱北
東沙島
海口
南
島
海

中国沿海灯塔全图

岸、岛屿及边关城镇，通过多年观测，收集、积累了大量的气象情报资料。观测记录年代之长，保存资料之完整，在近代中国气象观测史上少有。

海关气象观测站的建立，使中国东部沿海和内陆通商口岸形成一个气象观测网系统，这个观测网系统所获得的气象情报资料，对预测、研究中国和东亚地区的天气、气候具有重要价值。

海关开办气象站后不久，又开始办理港口检疫。

1873 年，印度、泰国、马来半岛霍乱流行，并向海外传播，一时间，人心惶惶，谈“霍”色变。为了防止疫情传入中国，厦门海关首开海港检疫，对出入境人员及货物实施检疫、消毒，阻止传染病侵入。之后，江海关也设立卫生检疫机构，制定《海港检疫规则》，任命一些外籍海关关员为卫生官员，登轮检疫。

1894 年，鼠疫流行，以香港为中心，先在广东、福建沿海传播蔓延，后来波及广西、江西、浙江、上海，继而威胁北京，为防止疫情进一步蔓延，沿海各海关相继设立检疫机构，实施卫生检疫。

1930 年，检疫工作移交南京国民政府卫生部检疫处。

1950 年 1 月 27 日，中央人民政府政务院第 17 次政务会议通过“关于关税政策和海关工作的决定”，将海港、河道、

东涌岛灯塔

灯塔、浮标、气象报道等助航设备的职责，连同其工作人员、物资、器材，移交交通部或省市港务局。1950 年 11 月 16 日，海关总署按照政务院决定，将海关管理的航标移交交通部航务总局，港口航标移交各地港务局，长江航标移交长江航务管理局。

# 海关与北洋水师

1862年年初，清政府获悉太平军攻下杭州、宁波后，准备向美国购买战船，引起朝廷的惊恐，在代理总税务司赫德的劝说下，清政府准备从英国购买战船，防止太平军得到战船后，以宁波为基地，向北方用兵，威胁京师安全。这时，总税务司李泰国正好在英国休假，于是总理衙门让赫德转告他在英国购买。李泰国得到清政府的委托后，立即行动起来，把购买军舰说成是组建“欧华舰队”，一时间，在英国造成很大的影响。另外，李泰国背着清政府，委任英国海军军官阿思本为舰队司令，并与阿思本订立合同。

这份合同与总理衙门和赫德议定的内容完全相反：

第一条，阿思本任海军总司令四年。除阿思本之外，中国不得另请外国人任海军司令。

第二条，在中国的所有外国样式船只，或内地船受雇外国人的，或中国官方、民间拥有的轮船，均归阿思本统一管辖。

北洋水师扬威舰

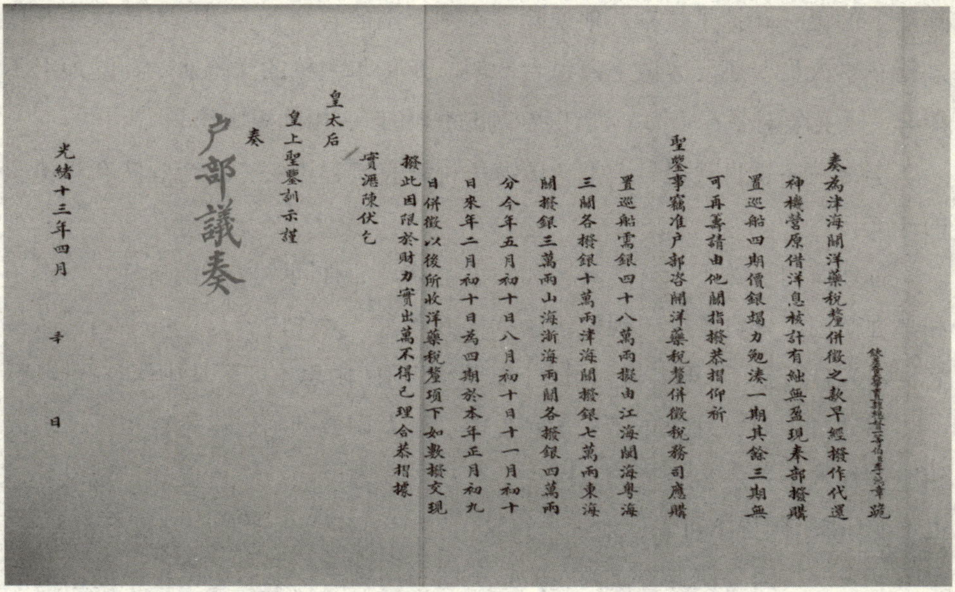
奏為津海關洋藥稅釐併徵之款早經撥作代還
神機營原借洋息核計有絀無盈現奉部撥購
置巡船四期價銀竭力勉湊一期其餘三期無
可再籌請由他關指撥恭摺仰祈
聖鑒事竊准户部咨開洋藥稅釐併徵稅務司應購
置巡船需銀四十八萬兩擬由江海閩海粵海
三關各撥銀十萬兩津海關撥銀七萬兩東海
關撥銀三萬兩山海浙海兩關各撥銀四萬兩
分今年五月初十日八月初十日十一月初十
日來年二月初十日為四期於本年正月初九
日併徵以後所收洋藥稅釐項下如數撥交現
撥此因限於財力實出萬不得已理合恭摺據
實瀝陳伏乞
皇太后
皇上聖鑒訓示謹
奏
户部議奏
光緒十三年四月 十 日

李鸿章奏请拨海关税收购置巡船折

第三条，朝廷要正式任命阿思本为海军司令。

第四条，凡朝廷给阿思本的一切文件、指示，均由李泰国转达，阿思本必须遵办。如果别人转达，不执行。

第五条，阿思本不能照办的事，李泰国不能转达。

第六条，兵丁、水手均由阿思本选用，要李泰国应允，方可准行。

……

第十一条，如果四年之后李泰国身故，或阿思本身故，仍应照办，不得以二人中一人身故，将协议废而不用。

……

李泰国和阿思本还议定，舰队应悬挂欧洲式尖旗或号旗，式样为绿色底，中间两条黄线相交，中心绘黄龙。

李泰国和阿思本还制定了舰队章程，规定捕获走私船、货变卖的银子或没收的银子，1/3 归中国，其余由舰队人员分领。

按照合同，李泰国和阿思本是这支舰队的实际统帅，不但垄断了海上武装，连陆上的也一并掠了过来。他说除了在阿思本的管辖下，朝廷不能雇用其他外籍军事人员，还要解散上海道台的舰队及华尔上校的洋枪队，在陆地上不能有一个竞争对手；上海、浙江所雇佣的洋枪队，由阿思本统领。

李泰国还想自立银号，把全国海关税款直接存进去，作为舰队和洋枪队的开支。

总理衙门当然不承认李泰国和阿思本签订的合同，经赫德斡旋，李泰国和总理衙门另外订了个《现议轮船章程五条》，大体内容是：由中国选派一名将领为总司令，阿思本为副司令，以四年为限；阿思本应听从中国督抚调遣。

1863 年 9 月，阿思本带舰船到上海，李泰国鼓动阿思本不要接受《现议轮船章程五条》。恭亲王等大臣也不退让，发誓说朝廷宁可退到长城以外，也不能屈服；阿思本可以把他带来的 600 名水兵解散，但船是中国政府购买的，要留下来。英国公使卜鲁斯说舰船是英国军用物品，既然中国拒绝使用英国水兵，这些船也不能留给中国。

第二年夏天，这些船分别卖给了印度和日本，共卖了 57 万两银子。

清政府做了一笔亏本的买卖。这件事情后，总理衙门炒了李泰国的鱿鱼。

此后，清政府对通过外国人购置军舰，深怀戒心，继任总税务司赫德也怕见疑，不敢再提购军舰的事儿。

1874 年 5 月，日本以“琉球渔民”事件为借口，派 3000 精兵在台湾登陆。朝廷急派沈葆祯率大军前往抵御日军，因双方兵力悬殊，日军被迫撤离。由于日本一直是一个被瞧不起的落后小国，得到几艘外国军舰，居然也敢冒犯大清帝国，朝廷上下大为震惊，终于认识到日本“将为中国永久大患”。

赫德趁机向总理衙门重提购买军舰的建议，总理衙门和朝廷上下都认为赫德的建议有理，应该尽快建立中国海军，与日本人抗衡。

1875 年 5 月，清政府下令沈葆祯和李鸿章分任南北洋大臣，从速建设南北洋水师，又决定每年从海关和厘金收入中提取 400 万两银子作为海军军费。

由于中国人对国外的情况不了解，也无驻外使领人员，李鸿章便把购买军舰的任务交给赫德。为了采购军舰，征得总理衙门同意，赫德对中国海关驻伦敦办事处进行了改组，其中一项主要工作就是采购军舰、机器设备、弹药。一时之间，海关又增加了一项采办军火的职责。

1874 年后相当一段时间里，赫德和金登干的通信内容约有一半篇幅讨论军舰问题，从价格、设计、质量、交货日期、验收，到如何确保舰艇安全抵达中国港口，他们都想到了。

1877 年 4 月 23 日，大沽海港，彩旗飘扬，鼓乐阵阵。

直隶总督李鸿章在众官员陪同下，视察刚从英国买回来的“阿尔法”号和“贝塔”号军舰。一行人在岸上端详了一阵子，感觉比较满意。于是，李鸿章又带领众官员登上“阿尔法”号，上上下下察看了一番后，来到甲板上观看演练。

此后，采购的军舰陆续驶回中国，但李鸿章已没有当初的激动，不再亲临观看，而是委托赫德和其他官员查看验收。

1877 年 6 月，赫德到香港去接收另外两艘军舰，这两艘军舰给赫德的印象不太好，尤其是水手们的肮脏仪表，使他无法忍受。他认为这些人不过是一些粗野的低级工匠。有一个叫维克斯的家伙，在香港是有名的酒鬼，整天醉醺醺的，竟然也被招到军舰上，要做中国人的教官，赫德当即把他解雇了。

从 1875 年至 1879 年，海关从英国阿姆斯特朗兵工厂订购了“镇东”、“镇南”、“镇西”、“镇北”等八艘蚊炮船，另外，还订购了两艘巡洋舰，分别取名为“超勇”、“扬威”。

这样，北洋海军初具规模。

清政府购置炮船，多由总税务司赫德通过金登干承办。金登干一度想从阿姆斯特朗公司收取佣金，作为伦敦办事处的办公经费。赫德认为这样做“可能使你陷于各种困难，产生各种误会”，“你应让它（阿姆斯特朗）经常了解你是一个（中国）政府的代表，不得要求佣金，或者通过你的手支付任何订货的佣金给任何人”。赫德最后决定，“关于由你从阿姆斯特朗接受的佣金数额……一齐加起来，总共 4356 镑 6 便士……这是中国政府的财产。今天我已把这宗交易向直隶总督李鸿章报告，而且寄给他一张收回 4565 镑 6 便士

5先令，即等于17460上海两的支票”。这样，金登干或海关没有染指这笔佣金。

赫德本来打算亲自指挥和管理北洋海军（兼任总海防司），但李鸿章和一些官员坚决反对，赫德只好作罢，于是挑选了三名海关缉私艇长，到北洋海军任顾问。

南洋水师购买的军舰到港后，没有人会操作，海关还派人前往进行指导和培训。甲午海战时，海关派出运输船为北洋海军运送物资和护卫港口。

# 辛亥革命给了洋人可乘之机

1911年10月10日晚8时半，驻武昌清军起义。

江汉关税务司苏古敦第一时间向总税务司安格联发密电，说起义军已占领武昌。

英国公使朱尔典

安格联立即前往英国驻华公使馆，对驻华公使朱尔典说，起义军眼下最缺钱用，一定会打关税的主意，将税款移存外国银行才安全。

朱尔典完全同意，并表态英国公使馆将为他提供一切支持。

安格联谋取税款保管权的主要目的，是想垄断中国财政，抵制革命势力发展。

虽然洋人一直把持中国海关，但辛亥革命前，关税保管权一直掌控在清政府手中，关税税款由海关监督保管，并遵照朝廷命令调拨。

清政府和各国签订的不平等条约中，对税率作了硬性规定，但对税款保管从没涉及过。西方列强国家对华进行经济侵略，主要是开拓和垄断中国市场，谋求进出口货物的最低税率和航运优惠待遇。1860年《北京条约》、1895年《马关条约》和1901年《辛丑条约》签订后，使中国海关成为债权国家的代理机关，但洋人也只是极力扩大关税征收权，挖掘税源、多收税，好按期偿付其债务和赔款。

经过几十年的时间，洋人们认识到取得税款保管权的重要性，有了关税保管权，不但有益于外国银行，还可以控制中国的财政金融，对中国政府施加更大的影响。

1911年10月23日，安格联面见税务处帮办大臣胡维德，建议立即采取办法，防止关税被革命党用做军费。胡维德认为他说的有道理，答应尽快给予答复。安格联又写信给江汉关税务司苏古敦，要求将税款存入汇丰银行他的账号内，静候事态发展。

10月26日，长沙关税务司伟克非报告说，湖南军政府要求留用税款。安格联接到报告后，立即与朱尔典商议。朱尔典当即电令长沙英国领事馆与伟克非密切合作，以总税务司或领事团名义暂行保管关税税款。

安格联也电示伟克非说：应向革命军政府说明，海关税收是外债抵押品，为了避免与列强发生纠纷，暂时将税款交给总税务司或领事团保管。安格联又给江海关税务司墨贤理发出指示，让他转告上海周边各海关税务司们，关税是外债担保品，为了避免外国干涉，必须以总税务司或领事团名义存入汇丰银行。

接着安格联通饬全国各海关税务司：凡有外国银行的口岸海关，要以总税务司的名义开设税款和船钞账户；没有外国银行的口岸，税款汇往上海、广州、汉口汇丰银行。长沙、岳州、汉口、重庆、宜昌和沙市等海关税款，汇解到汉口汇丰银行；九江、芜湖、南京、镇江、苏州、杭州、宁波和温州等海关税款，汇往上海汇丰银行；其他南方口岸的税款，汇往广州汇丰银行。

第三任总税务司安格联

10月23日，湖南都督致信伟克非，声称湖南已经宣布独立，并将接管海关和邮局，要求所有职员照常工作、改换旗帜徽章、服从军政府命令。伟克非拒绝接受命令，声称他是清政府的官吏，总税务司命令他留下就留下，命令他走就走。不但如此，他还要求海关暂缓更换大清龙旗和徽章；如果军政府一定要换，关员们就不再到海关办公。

10月24日、26日，安格联向伟克非两次发电，指示他同军政府做坚决斗争，伟克非回电表示他正想办法保持海关的中立性，并在总税务司的管辖下，像过去一样征收关税，税款存放在总税务司账内，保证各债权国的利益不受影响。

安格联的态度，增强了伟克非对抗到底的决心。湖南军政府建议，把税款存入大汉银行，军政府和税务司都不得动用，伟克非坚决反对。军政府退而求其次，指出把所有税款用总税务司名义存入汇丰银行是不能接受的，建议以湖南关税名义存入汇丰银行，动用的时候须经军政府同意，否则任何人不能动用。

伟克非说军政府还没有到得英国政府承认，合法地位还没有确立，不应提出这样的要求。他还威胁说，如果再来要税款，就撤退所有海关人员。

湖南军政府与长沙关税务司交涉的情形在宜昌、汉口、汕头、蒙自、思茅、福州等地，也都如出一辙地发生过，最后也像长沙一样，都无果而终。

这样，安格联把税款保管权夺了过去。

除了向清政府施加压力和恫吓革命军政府外，公使团还用军舰大炮来帮助安格联。

当湖南军政府要接管海关时，朱尔典应安格联的要求，串通德国领事，把在长沙的一艘德国小炮舰开出来示威，吓唬湖南的革命军。在武汉，当湖北革命军接管海关时，停在汉口江面上的外国军舰，纷纷出来示威，声援洋人控制的海关。宜昌军政府要求把税款交给商会，以接济司令部军需，英国驻汉口领事带着一艘英国炮舰及时赶到，宜昌关税务司葛理态度顿时强硬起来。

云南都督蔡锷坚决要求接管蒙自海关，税务司谭安顶不住，去找驻云南英国领事巴特勒和法国领事韦尔登协助，三人约好一起来到军政府面见蔡锷。巴特勒首先说，蒙自关必须按照总税务司的指示保管税款，蔡锷不答应。两个领事威胁说，向北京公使团报告后再决定。北京公使团的答复是坚决拒绝，蔡锷只好不再坚持。

宁波海关税务司烈悌更蛮横、更露骨，他干脆对来交涉的革命军说，如果海关财产遭受任何侵犯，或者关员受到任何干扰，他立刻就走，由革命军去同各国领事和炮舰解决问题。

哈尔滨、珲春、安东、胶州和大连等海关的税款，没有列在担保还款之列，安格联提出这几个关的税款也由他管，而且还要求将这些海关以前存的税款全部解交上海汇丰银行总税务司账号上，优先偿还外债。被闹得焦头烂额的清政府只好答应安格联的要求，税务处通知安格联：全国各关税款暂由你统辖，主要用于赔款还债。

清政府在给安格联的通知中，虽然明确这是权宜之策，但安格联知道，在中国，暂时的办法往往会变成长久的制度，保管权什么时候交回去，谁也不知道。

安格联终于如愿以偿，把全国海关的税款保管权捞到手里。

安格联在两个月时间里办成这样的大事，还有一个重要原因，那就是长期以来，各海关只听命于总税务司，不接受清政府的指令。清朝晚期，尤其是武昌起义后，总税务司一声令下，各关税务司积极响应，而清政府的指令来了，往往像石头落入棉花堆里，没有一点动静。

税款的最后处理是这样的，各关所收税款汇交上海后，

1896 年清政府以关税为抵押的借款公债

均分存在汇丰、德华、道胜三家银行。

安格联向全国各海关发出指令，要求各关将税款汇往上海三家银行，大关每周汇一次，小关每月一次或两次。

这样就造成了一个严重恶果：自己的钱装进了别人的袋子，别人不同意，自己不能动用。

问题很快就暴露出来。

南京地方政府要求金陵关把巡警月饷、邮电厘金、衙门经费按月支付，税务司卢力飞坚决拒绝，声称没有总税务司的指示，不能照办。南京政府的代表坚持道：这是清朝时定下来的惯例，不需总税务司批示。卢力飞狡辩：清朝被你们推倒了，清朝的政策也不作数了，现在税款动用由总税务司掌控。

安格联多次对各关税务司强调，除非经他特别批准，不得从税款中拨付任何款项，包括拨付政府部门经费。

中国税款金额巨大，1911年的税收是4400万两，1927年增加到7000万两。这笔巨额现金，绝大部分存在外国银行，增加了外国银行的实力，遏制了中国银行业的发展，对国内金融市场没有发挥调剂作用。

南京国民政府成立后，首先拿国内公债基金开刀。

国内公债基金一直由总税务司在"关余"项下拨存汇丰银行。1928年10月13日，国民政府财政部令代理总税务司易纨士把600万两公债基金移存于国民政府中央银行，各种库券公债到期还本付息事宜由中央、中国、交通三家银行分别保管。易纨士坚决反对，坚持公债基金应继续存在汇丰银行里，没有变更的必要。

国民政府本来对易纨士就不满意，现在还敢抗命，正好有了拿他开刀的借口，决定发给他养老金，让他辞职回英国老家。

于是，南京国民政府在任命易纨士为代理总税务司一年后，又把他给免了。

这样，国内公债基金和海关经费的保管权被收了回来。

接着关务署下令总税务司把海关经费存入中央银行。

1928年10月17日，国民政府财政部下令统一财政收支，凡海关收入项下拨付各机关经费，按月上交国库，由关务署核收。1930年7月，关务署又下令，各海关缉获的金条金货，除充公变卖、提供奖金外，其余暂存总税务司账内，听候调用。1936年2月，国民政府财政部再次对海关税款使用作了进一步规定，税款保管权基本被收回。

这样，在安格联和外国领事们的压力下，清政府作出的“关税暂由总税务司统辖的决定”，在25年后才收回。

# 关税自主权运动

1842年，中英签订的《南京条约》第十款规定，中国关税税率要与英国人共同商定，清政府不能单独制定。

1843年10月8日，清政府代表与英国政府代表璞鼎查签订《海关税则》时，清政府谈判代表认为茶叶、棉花两项最重要，税率不能低，其余可以不必计较，最后双方达成一致，税率约为5%，香料、木料、钢铁、铅、钨等，可以征收10%。其税率之低，为当时世界罕见。还规定，这个税率要到12年后才能由中英双方协商修订。

美国、法国、比利时、瑞典、挪威等步英国人后尘，分别与清政府签订条约，享受清政府给予英国的权利，中国关税主权进一步丧失，并受到各种条约束缚，造成税率长期不变，即使物价上涨，也不得更改；奢侈品不能加税，日用品不能减税。1858年订立的税则，直到1901年签订《辛丑条约》时，外国人才同意进行修改，这时已用了44年。

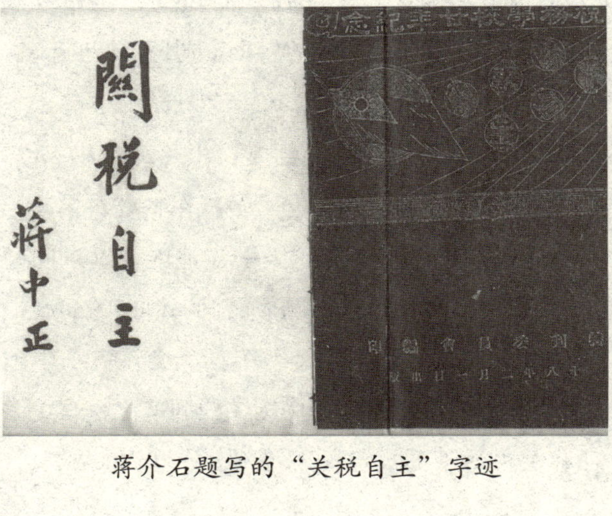


蒋介石题写的"关税自主"字迹

在这44年里，清政府曾多次要求修改税则。1869年，中英双方代表都谈妥并签字，却因为英国政府拒绝批准，成为一纸空文。1896年，旧税则已用了30多年，其间物价飞涨，银价跌落，税则名为值百抽五，实际只有百分之二三。朝廷派李鸿章周游欧美诸国，要求列强修订税则，但也没有结果。《辛丑条约》后，为偿付巨额赔款和外债，1902 年 1 月至 1903 年 8 月 29 日，西方列强才同意清政府修订海关税则，但要求完税价格以 1898 ~ 1900 年间平均物价为计算标准，这样一来，修订后的“进口税率”只有 3.7%。

1912 年 8 月，民国政府外交部照会英、法、俄、荷等 14 国公使，提出对税率进行修改，各国以民国政府初建，还未得到国际承认为借口，没有答复。1913 年 10 月，外交部又照会各国公使，再次提出修改税率，各国还是不同意。1914 年 1 月，外交部第三次向各国发出照会，各国才同意。但法国又节外生枝，说要把辛亥革命造成的损失赔偿后，才可以讨论。

第一次世界大战结束，德奥同盟国战败。1919 年 11 月 13 日，27 个战胜国在巴黎举行和会，处理战后世界问题。北洋政府以战胜国身份，派出以外交部长陆征祥为团长的代表团参加这次和会。代表团在会上力争国家民族的自主和独立，希望西方国家废除在中国的势力范围、撤退外国军警、撤销在中国的邮政电报机构、取消领事裁判权、归还租界和实行关税自主等。

美国和其他西方列强国家不把中国提出的问题当回事儿，和会会长、法国总理克里孟梭代表“最高委员会”函复中国代表团说：充分承认问题之重要，但不在和平会议权限之内。不仅如此，英、法、美、俄、意等国还把德国原在山东的权益转让给日本，北洋政府竟然接受了这个丧权辱国的《巴黎和约》。消息传到国内，点燃了中国人民反对列强、反对军阀的怒火，成为“五四运动”的直接导火索。

1921 年 11 月 12 日，“华盛顿会议”开幕，美、英、日、法、意、中、比、荷、葡等九个国家参加。会议设置两个委员会，一个是“裁减军备委员会”，由美、英、日、法、意五个海军大国组成；一个是“太平洋地区及远东问题委员会”，九国代表都参加。“太平洋地区及远东问题委员会”讨论的问题，大多与中国有关。在“太平洋地区及远东问题委员会”第五次会议上，中国代表顾维钧提出收回关税自主权议题，发表了《对于中国关税问题之宣言》，述说了中国税则修改困难、征收关税达不到规定税率等不公平状况，要求收回关税自主权。

委员会对中国代表的要求进行了讨论，决定成立“中国关税分股委员会”，专门研究中国关税问题。关税分股委员会由九国代表选派的九名委员组成。委员会在1921年11月至1922年1月，举行了六次会议。经过六次会议讨论，通过英国代表提出的《中国关税条约草案》，后称为华盛顿会议《九国间关于中国关税税则之条约》，并由大会表决通过。这个条约对使用了60多年的值百抽五的税率仍然未动，只是把修订期限由10年改为7年。中国代表团热切要求的关税自主权问题，只字未提。

1928年6月，北伐军占领北京，北洋政府垮台，国民政府宣布中国统一。1928年6月15日，国民政府发表《对外宣言》，声明废除不平等条约。外交部也在同一天发表声明：条约已届满的，废除另订新的条约；条约期未满的，以正当手续解除重订；旧的条约已废除，新的条约又未订的，改用临时办法。

美国首先作出反应，驻华公使马克谟与国民政府代表宋子文商谈，并在北平签订《整理中美两国关税关系条约》。该条约第一条规定：过去中美两国所订条约中，关于中国进出口货物的税率、存票、子口税并船钞等项条款

1926年广州军民集会掀起积极收回海关运动高潮

全部撤销作废，并应适用国家关税完全自主原则。

中美关税新约签订后，又相继签订类似的中德、中挪、中比、中意、中丹、中葡、中荷、中瑞、中法、中西、中英等关税新约。

1929 年，国民政府制定并颁布《国定进口税则》，并于 2 月 1 日开始施行。为此，海关制定并公布相关办法，主要内容有：一是 1929 年 1 月 31 日前进口的货物，依旧税则征税；二是 1929 年 2 月 1 日以前到沪洋货，照旧则征税的，须纳二五附税或奢侈税；三是内地子口税、出内地三联单附税取消；四是津浦捐、码头捐，照应纳关税百分之五征收；五是常关附税、邮包附税，照旧由海关代征；六是裁撤内地税局和煤油统税局，其事物归海关办理。

新税率施行后，进口洋货并不减少，且有逐渐增加的趋势。

《国定进口税则》的平均税率为 8.5%，比起协定税率提高许多，但和世界各国的平均税率比还是很低，如美国是 26%，日本是 17%，西班牙是 40%。

尽管如此，日本人迟迟不愿废除旧约，不承认中国的国内进口税则，直到 1930 年 6 月，才签订《中日关税协定》，承认中国的关税自主权。

# 海关税收与外债、赔款

清政府从咸丰初年开始借外债，后来一发不止。每逢有较大战事或打了败仗向洋人赔款，都要借钱。

刚开始借钱，主要是用于镇压太平军，由地方当局直接向洋商或外国银行借，数目小，借期短。有据可查的早期借款有“江苏洋商”借款，先后三次，都是以江海关洋税为担保并按季摊还。

第二次鸦片战争期间，英法联军占领广州，两广总督黄宗汉无钱调动军队，便以粤海关印票作抵押，经行商伍崇曜向美商旗昌洋行借32万两，约定月息六厘，每月还银8000两，分40个月还清。

1860年，英法联军攻占北京城，清政府与英法签订《北京条约》，赔偿英法两国各800万两银子。条约规定，从海关每年关税收入中扣缴偿还，至1866年1月还完。

海关是根据不平等条约设定的，有外国势力的支持，由外籍总税务司管理，税款有一套正规的管理办法。因为它能保证税款不被挪用，所以列强贷款都要求用关税作抵押。

清政府押送赔款到天津

19世纪70年

晚清“中外通宝关平银一两”银元

代以前，清政府向国外借款，一般都是由地方官员向外商个人借；70年代后，清政府才向外国银行主要是在华势力最大的汇丰银行借。汇丰银行是1866年在香港注册成立的，很快在上海、福州、宁波、汉口、汕头、厦门、烟台、九江、广州、北海、天津、澳门、打狗（今高雄）、北京、牛庄（今营口）、基隆等地设立分行，形成遍布中国沿海、沿江的金融网，主宰近代中国金融业85年，是当时在华势力最大的银行。总理衙门曾规定，借款优先借汇丰银行的钱。

甲午战争前，清政府共借外债43次，总数为45 922 968两，以关税偿还的有25次，总数为32 361 103两，占70.5%。其中，用于1874年同英国汇丰银行借来的“台防借款”（这是清政府借外债的开始）上明确规定，必须有“总税务司印押方能兑银”一条。这使海关控制了清政府的财权，从而扩大了海关权力，加深了海关对清政府的影响。

清朝晚期财政极端支绌，只能依靠举借外债过日子，本来海关只是征收对外贸易关税的机构，外债与海关并无必然关系，只因举借外债时把关税作为抵押，这才把外债和海关扯到一起，也使列强为争夺中国海关展开了尖锐的斗争。

甲午海战，大清帝国被打得落花流水，日本人占领辽东半岛，向清政府张开血盆大口，要求赔银2亿两，并割让辽东半岛（后因俄、法、德三国干涉，日本又放弃辽东半岛，要求中国另出3000万两赎银）。清政府没有钱赔，日本人又要得很急，唯一的办法是借款。

西方列强国家都想通过贷款进一步控制清政府，所以争先恐后地逼着清政府向他们借款。

因为俄、法、德三国联合干涉日本归还辽东半岛有功，清政府对它们感恩戴德，第一笔准备向俄、法、德三国借钱。一时间，俄、德、法三国势力占优，一面鼓吹中国海关应由欧洲各国共管，以作赔款担保；一面密谋三国联合管理海关，排挤英国。三国政府还照会总理衙门：赫德继续留任总税务司是非常不适宜的，应予撤换。总理衙门不想得罪任何一方，表示可以借三国的钱，但海关还是维持现状。

1895年7月6日，中俄在圣彼得堡签订借款合同（史称《俄法洋款合同》）。

根据《马关条约》规定，清政府必须在1896年4月17日前交清第二期赔款，国库空虚的清政府，不得不再次向外国借款。

英、俄、法、德四国为此又开始争斗起来。

本来，第一次借款合同签订后，俄、法两国趁热打铁准备包揽第二次借款。法国公使主张总理衙门向法国借款，条件是法国取代英国管理海关，同时还要求给予该国粤、桂、滇三省的大量特权，俄国大使也为他帮腔。

赫德警告英国外交部：如果法、俄这样继续联合下去，将严重影响英国在华利益，后患无穷；中国如再次接受他们的贷款，英国将来对华交涉，就不会再有份量了。他建议英国出面担保，提供低息贷款，取得政治上的优势。

英国政府被说服了，主动拉拢第一次借款中被排挤出来的德国，由两国共同向清政府借款。德国的积极性一下子被调动起来，非要把这件事做成，让俄国人、法国人也很生气。英国和德国驻华公使开始不停地找总理衙门，逼着中国借他们的钱。因各方闹得太凶，总理衙门一时难以摆平，把这件事交给赫德去办。

赫德喜出望外，第二天就办妥了。借款由英国汇丰银行与德国德华银行合揽。借款合同规定：借款须分36年还清，不得提前，在此期间不得变更海关行政。这等于给英国写了一张保证书，保证其控制中国海关36年。

英、德借款，使英国保住了在海关的统治地位，但俄法两国并未就此罢休。

清政府计划第三次借款赔付日本人时，俄国趁机提出，中国海关总税务司职位出缺时，应任命一位俄国人充任。

英国政府担心俄国借款成功，中国海关就会易主，影响海关作为英国对华关系基石的地位。于是，英国外交部一面抗议俄国的要求，一面强迫总理衙门接受英国贷款，条件是管理中国财政，包括海关、厘金、盐课和常关。

消息一传出，俄、法两国立即联合起来反对，两国公使轮番对总理衙门威逼利诱。英国也急了眼，驻华公使窦讷乐照会总理衙门：由于英国对华贸易超过其他国家，英国政府认为，海关总税务司将来仍然由英国人出任。

一时间，总理衙门又成了洋人的角斗场。总理衙门怕得罪任何一方，提出双方各借一半，双方都拒绝。

后来，还是赫德把这个难题解决了，他提出以利息低、期限长为借款条件，谁能满足，就借谁的钱。俄国人无法做到，只好放弃，英国这时国家富足，能满足这个条件。

这次借款合同规定，借款以海关税收为抵押，再加上苏州、淞沪、九江、浙东四处货厘及宜昌、湖北、安徽三处盐厘，由海关派员征收。还款期限规定为 45 年，不得提前。

这样，英国在海关的统治地位，从原来的 36 年延长到 45 年，不得改变。

# 向世界介绍中国

1866年，清政府接到巴黎世博会邀请书，总理衙门对此不感兴趣，准备以“路途遥远，运物艰难”予以婉拒。赫德极力劝导总理衙门：中国参加博览会，是参与国际事务的一种新形式，中国官员、工匠出席和参加博览会，中国展馆、展品在博览会上受到欢迎，不但可以使世界了解中国，而且可以增长见识，使中国与外界建立更密切、更友好、更有利的联系。总理衙门这才改变态度，但朝廷上下只有海关知道博览会是个什么东西，而且海关管理进出口贸易，对商品熟悉，展品征集比较方便，便将邀请书转给海关，授权海关代表朝廷先试着参加一届。

接到总理衙门授权后，海关迅速建立参加世博会展览的专职机构，监督和推动各项筹备工作，并把全国分成北区、中区、南区，分别以津海关、江海关、粤海关为收集展品的集中地点。

1878年清政府参加巴黎博览会展馆

经过海关的精心组织，在巴黎世博会上，中国展品广受好评，从而引起清政府的重视，有了参与博览会的积极性。中国人不愿参加世博会的观念也开始改变。

19世纪70年代后，清政府每次接到参加博览会的邀请，就授权海关统管筹办参展事务。海关则下发总税务司通令，对组建代表团、征集展品、建造国外展馆等进行部署。

为减少旅费开支，省去在举办国聘请管理人员的费用，海关通常会安排一些在欧洲休假的税务司作为中国代表，出席博览会；并指定一名税务司负责国内样品的征集和托运，然后再赴会。休假税务司参与筹展工作，可以适当延长假期，还有工作津贴。按照海关制度，税务司休假时只领半薪，他们参加博览会工作可以领全薪，但国外的食宿由个人负责，没有额外补贴。

1878 年的巴黎博览会上，一座轻巧而明亮的中国式展馆成为博览会的一颗明珠。在中国工匠努力下，建成的中国馆威严壮观，像一个衙门，左右两辕门，飞檐正厅三间，陈设螺钿几榻，院中央一小亭……收集的展品也突出中国特色，有瓷器、茶叶、古铜器、雕刻象牙、折扇等。这个富有中国特色的展馆，后来获得了组委会颁发的金奖证书。

1878 年 5 月 1 日，博览会开幕。赫德率领身着海关礼服的税务司们，列队立在中国展馆门前，迎接法国总统麦克马洪和外国使节参观。中国驻英法公使郭嵩焘也前来参观指导。

1904 年海关编印的圣路易斯博览会中国展品目录

这次博览会，中国展馆取得了极大成功，一共获得 103 个获奖证书，其中 6 个金奖、29 个银奖、29 个铜奖、39 个荣誉奖。其中，2/3 的获奖展品都是由海关选送的。作为对筹备工作的奖励，博览会组委会授予赫德荣誉军团司令称号，其他税务司也被授予荣誉军团军官称号。

博览会虽然获得好评，参展经费对海关来说却是个难题，朝廷拨给的经费只有 2000 英镑（约合 6666 两银），赫德为此一再提醒筹展团队要厉行节约。赫德利用回欧洲休假的机会参加博览会，自己支付在巴黎的房租。为了大清帝国海关总税务司的体面，还要租好房子。

海关筹备参加世博会一直有一个指导思想，就是通过展品让世界了解中国，也让中国了解世界。因此，从一开始就要求展品能代表中国的工艺水平，从而帮助世界了解中国人民的生活和中国文化。收集的样品分为三份，一份送博览会，一份由港口保存，一份送北京中国贸易商品博物馆。

中国参加世博会并获得荣誉，也增强了海外留学生的自豪感。1876 年美国为了庆祝建国 100 周年，在费城举办世界博览会，海关代表清政府对展品进行筹集并组织展出，获得圆满成功。

中国展馆占地面积8000平方尺，左邻智利、秘鲁，右邻日本、埃及、土耳其，对面为意大利、挪威、瑞典等国。正面为一座大牌楼，上面大书“大清国”三字，横额为“物华天宝”，对联是“集十八省大观，天工巧夺；庆一百年盛会，友谊斯敦”。展柜为庙宇式，涂金彩，镶大块玻璃；展品有绸缎、雕刻、玩物、银器、景泰窑器、粤省漆器、丝、茶、六谷、药材等，其中药材有 700 多种，丝茶品种也很多。展品均为手工制品，展柜、桌椅、铺垫和公事房陈设，全是清朝传统物品，为各国游览者前所未见，每日观摩者众多，人人都说大清国展物最合此次博览主题。

1883 年和 1884 年，英国伦敦连续举办渔业博览会和卫生（食品）博览会，总理衙门最初不太热情，大清国海关驻伦敦办事处主任金登干劝赫德去动员总理衙门，说中国参加这次博览会，有助于英国人了解中国。最后，总理衙门虽然同意参展，但批给的经费却十分有限，海关便想办法，尽力满足筹展方面提出的各种要求，先后采购了九江的花园座椅和花盆、广州的轻便藤椅、灯笼、地席、地图、字画、帷幕等，装点中国展馆（博览会结束时，这些东西全送给了威尔士亲王，供他在自己的庭院中陈设）。在中国展馆周围，修建具有中国特色的凉亭茶室和小桥。

中国展馆开幕前，就引起英国王室注意，威尔士亲王亲自参观了中国展区。

渔业博览会一结束，海关又开始了卫生博览会的筹备工作。按计划，中

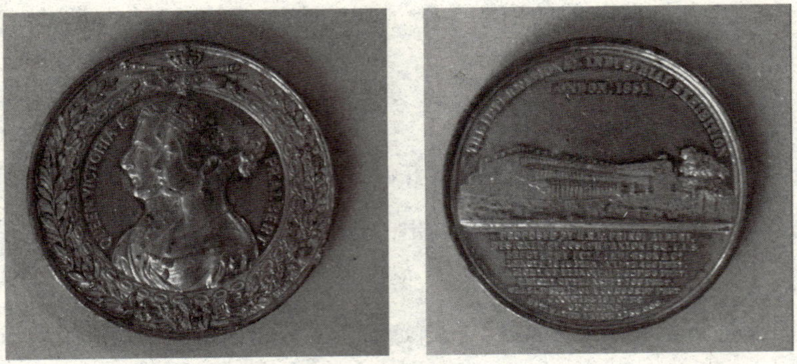

1852 年第一届伦敦世界博览会纪念章

国展馆设一家餐馆、一家茶馆和出售中国土特产及古董的商店，还找了六位能歌善舞的演员，准备在就餐时伴唱、伴舞。

1884 年 7 月 9 日，中国展区开幕，中国驻伦敦公使曾纪泽和夫人、女儿，伦敦市长和夫人、赫德夫人等名流出席，中国乐队无论演奏什么曲子，都受到热烈喝彩，中国展区成为最吸引人的地方。

威尔士亲王等王室成员纷纷前来参观，喝中国茶和燕窝汤。王室成员回宫后，向女王进行了详尽介绍，女王特意颁旨，请中国厨师烧中国菜品尝。中国厨师和侍者应邀到温莎城堡，给女王做了一顿包括燕窝在内的丰盛午餐。女王吃得津津有味，赞不绝口，随行记者向全世界进行了报道。中国菜从此名扬天下。

1904 年，在美国圣路易斯举办的国际博览会上，中国展出上海小脚女人服饰、宁波小脚病妇服饰、北京小脚妇女服饰，以及案犯、乞丐、娼妓、大烟鬼等下层人物的服饰和照片，严重丑化中国人的形象和民族声誉，产生恶劣影响，激起留学生和华侨的愤慨。他们纷纷上书外务部，历数海关办博览会的过失和罪状。他们说海关主办展出，有损国体，贻笑外人。参加博览会本来是推销产品、介绍物产，向世人展示中国地大物博，是扩大国家知名度的好机会，可是海关选的展品，一味猎奇，哗众取宠，给中国带来的好处十分不到一分，带来的弊端却在十分之九以上。

中国驻比利时公使杨北均也上奏说，博览会一直由海关承办，所选择的展品不适当，常常陈列一些不该陈列的东西，沦为笑柄。博览会关系到商务贸易，以后应由商部派熟悉商情的官员同驻办国公使一起办理。

朝廷上下一致声讨，商部和外务部也觉得是个大问题，便联合上奏，要求商部接管海关主办国际博览会的权力，朝廷立即批准。这样，1905 年商部接管了海关主办国际博览会的展出权。

# 创办大清国邮政

大龙邮票

中国的邮政历来以“快马加鞭”的“驿站”为主。“邮驿”是官方通讯工具，民众不能使用，甚至一般官员的私人信件，也只能托人捎带或派人投送。

清政府每年花费大量白银维持驿站，但由于吏治腐败，邮驿经费多被各级官吏克扣，造成驿马疲惫、投递延误、失密现象屡屡发生。西方国家趁机在中国境内设立“客邮局”，代办中国民间邮政业务。

鸦片战争前，洋人在近海水域的趸船上悬挂信箱，供来华人员通信用。1834年，英国商务监督律劳卑在广州设立第一个“英国邮局”，开外国在华开办邮政先例。这种邮局被称为“客邮”。1842年4月15日，英军占据香港后，开办“香港英国邮局”，并以香港为基地，在广州、上海、宁波、福州、厦门五个通商口岸开办邮局。法国、美国、日本、德国、俄国也竞相效尤。从此，盖各国文字邮戳的信件，在中国大地上传递。到1918年，“客邮”机构已达340余处，其中以日本和俄国最多。

此外，租界工部局和国内投机商也开办形形色色的“书信馆”。1864年，上海租界董事会设立“上海工部局书信馆”，经营项目不是通信，而是印制各类邮票，以推销邮票发横财。甲午战争前后，这类书信馆遍及汉口、烟台、重庆、九江、镇江、厦门、福州、南京等地。

“客邮”及“书信馆”的邮件，均用本国邮袋装运，中国海关不能检查，不法之徒借机大肆走私、贩毒。有一次，江海关税务司派人检查上海英国邮政分局，发现收发的小件包裹中夹带有“吗啡、珍珠、首饰、钟表、药材”等物品，他向赫德报告说，不仅英国邮局如此，俄、德、美、法、日等国所设邮局，也都干着一样的勾当。

中英《天津条约》第四款规定，英国驻华公使及其随员等收发文件，由大清驿站差使负责。1863 年，中丹（麦）《天津条约》规定得更细：沿海何处，皆可送文，不得擅行拆启。中国与其他国家签订的条约，也有类似规定。

各国使馆驻北京的头几年，使馆和海关邮件，由总理衙门交驿站运送。1866 年，赫德请求总理衙门将上海寄北京的邮件由总税务司署派人开袋分送。总理衙门认为，这样可以减轻驿站负担，遂痛快批准。从此，海关介入邮递工作，但仅限于公文类邮件。

1875 年，《烟台条约》谈判时，赫德向总理衙门提出，由海关兴办邮政局，总理衙门要李鸿章与赫德商议，李鸿章爽快同意。

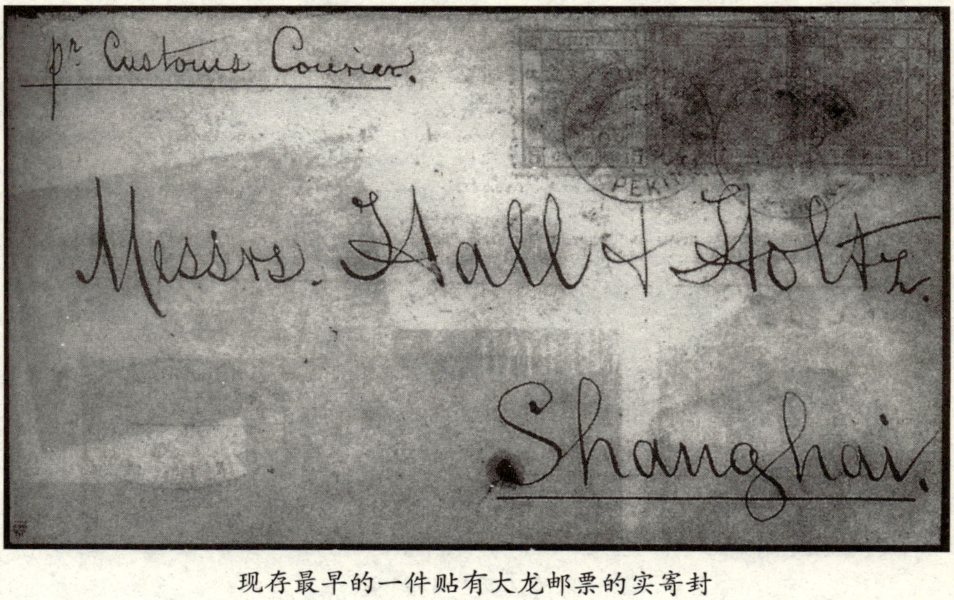


现存最早的一件贴有大龙邮票的实寄封

这时，九江关税务司葛显礼也向赫德报告说，日本在汉口设立邮政局，运送中国邮件到外国，是一种不合理的特权，他起草了一个海关办邮政的方案，请赫德批准实施。葛显礼的方案是海关在各通商口岸办理邮政，接管各国在上海设立的邮政机构，增加收入。

赫德根据这个方案，下令津海关税务司德璀琳建立北方海关和上海等海关间的邮递业务。德璀琳借鉴西方国家的邮政制度和经验，以天津为中心，在天津、北京、烟台、牛庄（今营口市）、上海等地海关设立“海关书信馆”，开始试办邮政。

1877 年 5 月，赫德令海关总税务司署造册处设计了三种邮票图案，即一分银六和塔图、二分银云龙图、五分银万年有象图，并印成样票，广泛征求意见。最后决定以云龙图案为主，兼采六和塔和万年有象两图之长，作为中国首套邮票图案，并由造册处照样印刷。英国首次发行邮票以维多利亚女王像为主图，中国海关首次发行的邮票，也以象征帝王的云龙为主图，此举有与大英帝国并驾齐驱之意。邮票上写有“大清邮政”或“大清国邮政”及英文“CHINA”。大龙邮票尽管是洋人设计的，但总体构思符合帝王思想和中国文化习惯。大龙邮票的发行，是中国邮政事业的一个新起点。

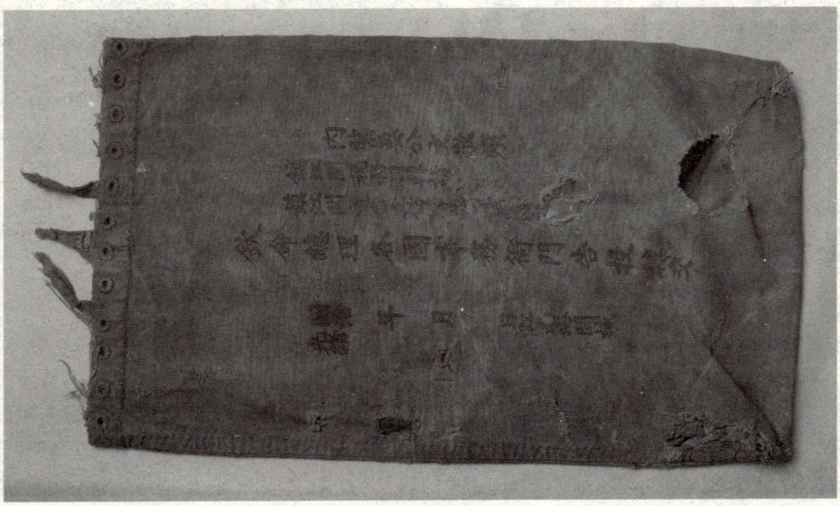

赫德使用过的邮袋

清光绪十四年（1888），时任直隶总督兼北洋大臣李鸿章题写的“津海新关”匾额

大龙邮票使用几年后，由于印制邮票的印模磨损严重，又重新印制一套普通邮票，新的图案与大龙邮票基本相同，不同的是票幅较小，印色也与大龙邮票有差别，一分银为绿色，三分银为紫色，五分银为橄榄黄色。这套邮票俗称小龙邮票。

海关投递的邮件，由上海轮船招商局及英国太古轮船公司免费代运，李鸿章还下令北洋海军各军舰无偿提供帮助。在无航路可通或冬季封冻季节，雇用信差，组成天津—牛庄、天津—镇江、天津—北京间的骑差邮路。

1896 年 8 月 20 日，总理衙门委任赫德兼任“总邮政司”。赫德将总税务司署的寄信局改为邮政总局，各地海关的寄信局改为邮政局，下设分局，业务由通商口岸向内地及边远省份扩展，与铁路、电报及航运相辅而行，有电报线、铁路和通航的地方，均设邮局通邮。

赫德的设想是把邮政局作为海关的附属机构，由税务司管理、海关关员兼办，经费由海关提供，所需的纸张表格由海关供应。

邮政局设立后，西方列强“客邮”与国内的民信局勾结，破坏邮政专营，外务部为此照会各国驻京公使，要求迅速撤回其在华邮局，但各国公使置之不理。赫德下令海关邮局大幅度降低国内平信邮资，扩大经营范围，揽运报纸杂志，开办快递，提高邮递效率，又想方设法拆散“客邮”与民信局的联合。他还想出一个办法，要求轮船公司实行“海关特许费”的优惠办法，只装运

邮政舆图

大清邮局的邮件，拒载或少载其他邮件。此外，朝廷也出台政策扶持邮局，规定铁路只准带运海关邮局邮件。

海关邮局投递邮件数逐年递增，1901年收发邮件突破1000万件。邮差邮路、轮船邮路、火车邮路总计19万多公里，近代邮政体系初步形成。

1911年5月28日，邮传部接管邮政时，全国设有总局、分局、支局、代办处等邮政机构6201处。

# 西学东渐的窗口

《北京条约》后，外国公使进驻北京，中外交涉事务越来越多，需要各式各样的外交人才去应付。这样的人才十分匮乏，只有开设一个专门的学校来培养，让他们既懂得外语，又知晓外国情况。1861年，总理衙门成立不久，恭亲王奕訢便与桂良、文祥三人联名上书，奏请开办外语学馆，从八旗中挑选14岁以下的少年才俊入馆就读。1862年6月外语学馆开学，学馆定名为“同文馆”，亦称“京师同文馆”。

同文馆总教习丁韪良

同文馆付给洋教习的薪金较高，年薪1000两，而汉文教习的年薪仅96两。学生初进馆，每月给3两银子的补贴，以后陆续增加，最多每月拿到12两（当时一个七品翰林每年的俸禄不过45两）。由此可以看出，朝廷对外语人才培养是多么重视。不仅补贴可观，而且管吃管住，除了衣服不发，什么都发。吃饭时六人一桌，每餐四大盘、六大碗，有鱼有肉有海鲜，夏天有水果，冬天有火锅。如果这些都不乐意吃，可以另外点菜。来了客人，随便要菜，一个子儿都不用花。

1865年秋，首批学生三年学习期限满，要进行考试，因为总理衙门大臣们不懂洋文，下令赫德与外国教习会同阅卷，分出名次高下。对成绩优秀的六人，授予八品或九品官衔，其余继续留馆学习。得到八品、九品官职的，每年领俸银50两或45.5两。这一措施，为贫寒的八旗子弟提供了一条升官捷径，也为同文馆招考正途人员起到宣传作用。

在赫德的一再建议下，1866 年 12 月，总理衙门向朝廷提出，在同文馆添设天文、算学馆，招收举人、贡生、翰林、进士出身五品以下官员进馆学习，三年后成绩优秀的，有望成为三品、四品高级官员。为了配合教学，海关拨专款在同文馆建立了一座天文台。

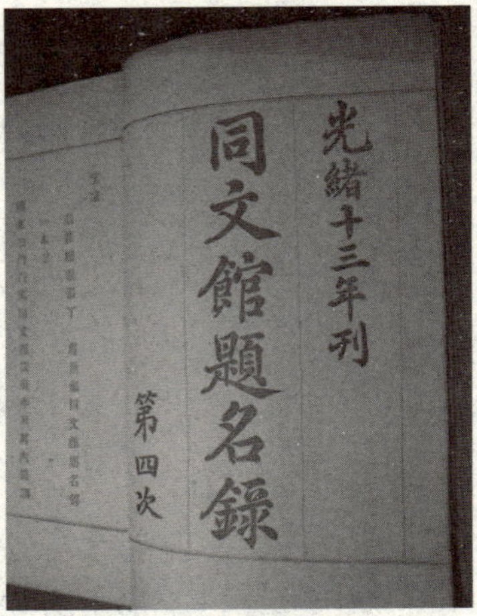

1888 年《同文馆题名录》

由于顽固派对开办天文算学馆进行阻挠，正途人员投考者寥寥无几。恭亲王、赫德等人经过磋商，决定放宽投考者的条件，扩大生源。尽管如此，第一次招生，报名 98 人，考试时只有 72 人，后来录取了 30 名。由于生源不佳，次年复试，又淘汰了 20 人。留馆学习的 10 人中，最后学成的只有 5 人。

1871 年，同文馆添设德文馆。1876 年，学生除了学习英、法、俄、德等外语外，还要学习数学、物理、化学、天文、航海测算、万国公法、政治学、世界历史、世界地理及译书等课程。这一变革，使同文馆变成了一所以外语为主，兼习多门西学的综合性学校。1888 年，同文馆添设格致馆、翻译处；1895 年又添设东文馆。

同文馆的开设和发展，受到一些西方国家的关注，同文馆甚至还与西方国家的大学开展交流活动。1872 年 9 月，法国公使代表法国京都大学向同文馆赠送了 188 本图书，有化学、医学、物理、算学、地理、农田、兵法、字典、文学等，供学生学习法国科技和文化。法国公使说，中法两国若能长期彼此相互学习，加强文化交流，将会加深两国的友谊。清政府认为，法国主动赠书，是输诚向化之举，欣然接受。两个月后，总理衙门也向法国京都大学回赠了 100 多套中国书籍，有《康熙字典》、《御选唐诗》、《唐宋八家贴》等，回赠诗书远多于法国赠送的数量，之所以如此，是清政府颇有上国回赏番邦之意。

同文馆的最大特点是西学课程教习由外国人担任。从开办到 1902 年的 40

年间，在同文馆担任过洋教习的有 50 多人。外国教习带给同文馆的，除了西学知识，还有不同于中国传统教育的方法和风格。

在赫德的提倡和帮助下，同文馆引进西方先进学科和科学教育：第一年学习读法、写法、拼法；第二年学习读法、文法、会话和翻译句子；第三年学习世界史地，练习翻译电报；第四年学习算术、代数，练习翻译公文；第五年除继续学习翻译外，还要学习物理、几何；第六年学习机械、微积分、航海测算；第七年学习译书、化学、测算和万国公法；第八年除译书外，学习天文、地理。另外，还开设有生理学、解剖学等选修课。

同文馆培养出来的学生，相当一部分从事外交工作，也有人从政、从军和从商。清末民初担任出使大臣或驻外公使的，有张德彝、唐在复、陆徵祥、杨枢、刘镜人、刘式训、戴陈霖等人，都是同文馆的毕业生。

除了培养人才，京师同文馆的另一重要"课程"是译书。当时翻译的办法是：由洋人先把书看一遍后，把每句话的意思用汉语说出来，同文馆学生用笔一句一句记下来，然后，将初稿改正润色，使之适合中国语法。

丁韪良任总教习期间，积极组织同文馆师生致力于译书事业，译书近 30 种，由他亲自翻译和鉴定的书籍有 11 种。所译图书，除国际知识和科学知识外，还有外语学习工具书。他任职同文馆之前，根据惠顿的《国际法原理》译成的《万国公法》，是同文馆出版的第一部西学著作。《万国公法》第一次完整地介绍了西方资本主义国家之间通行的国际关系准则，对于长期闭关锁国的中国人来说，闻所未闻。它的问世，从理论上打破了清王朝"天朝上国"的愚昧观念，引起知识界关注。《万国公法》成为各通商口岸官员和涉外人员的必读书。

京师同文馆开办后不久，李鸿章上书朝廷，奏请仿京师同文馆，在上海和广州设立外语学馆。

1863 年 3 月 28 日，上海广方言馆开馆，招收了 80 名学生，四年毕业。1870 年，学馆划归江南制造局，成为这个局翻译馆的核心。

1864 年 6 月 23 日，广州同文馆开馆，招收学生 20 名，其中 16 人为八旗子弟，4 人为汉人子弟。此外，还招了 10 名走读生。

从成效来说，上海同文馆最好。上海同文馆历时 40 余年，先后培养出 600 多名学生。

各同文馆和海关关系密切，海关承担教学和行政等费用，并负责推荐和聘任洋教习。1888 年起，同文馆归入总税务司署编制，总税务司署设立教育股管理同文馆事务。此外，外籍税务司还参与了部分管理工作。

1902 年，同文馆归入京师大学堂，海关才与同文馆脱离关系。

1861 年北京同文馆设立时的大门

# 清政府开始限制海关权力

1906年5月9日，外务部给海关发来一封信函：

奉上谕：户部尚书铁良着派充督办税务大臣，外务部右侍郎唐绍仪着派充会办税务大臣。所有海关华洋人员统归节制。钦此。相应札行总税务司查照钦遵，并转饬各税务司一体遵照可也。

赫德意识到清政府开始限制海关的权限了。

这道札谕在洋关员中产生了巨大影响，他们人心惶惶，担心会丢掉饭碗，但没有采取过激行动。各海关税务司也向赫德诉说他们的悲观和不满，赫德安慰他们说，不用太紧张，一切都会好起来，除了隶属关系，没什么改变，税务处已经指示，一切如前办理。

赫德开导那些急躁的税务司们说，中国的这个行动，是经过深思熟虑做

铁良

唐绍仪

出的，在没有弄清楚情况之前，不要随便发表意见，以免使事态进一步复杂化，使海关更被动。

改变海关隶属关系的谕旨一经颁布，各国公使馆顿时炸开了锅。美国公使柔克义在谕旨下达当天见到唐绍仪，质问中国政府是否不再遵守 1896 年、1898 年《借款合同》的承诺和保证。唐绍仪态度坚决地告诉他，总税务司是中国的雇员，中国政府有权控制他的行动。

1908 年 4 月，税务处宣布设立税务学堂，委派税务处第一股帮办陈銮为学堂总办，前蒙自关税务司邓罗为洋总办。设立税务学堂的初衷是培养本国高级税务人员，取代洋关员，以达到中国人治中国海关的目的（后因政局混乱，没能够实现这个目标）。

外国人接管中国海关后，采用先进的征税办法和人事管理制度，工作效率较高，远胜于清政府统治下的其他机关。但外国人管理下的中国海关，不可避免地为帝国主义利益服务，引起中国新式知识分子和留学归国官员的反感。



1904 年在美国圣路易斯举办的国际博览会上，海关选送的部分展品严重丑化中国人的形象和民族声誉，在国际上产生了恶劣影响，激起了留学生和华侨的愤慨。他们纷纷上书外务部，痛批海关，历数海关办博览会的过失和罪状。事情越闹越大，影响越来越坏，朝廷上下一致声讨，商部和外务部便联合上奏，要求商部接管海关主办国际博览会的权力，朝廷立即批准。

此外，海关兼办全国邮政，海关的职责进一步扩大，侵犯了民信局和地方官员的利益。这样，官民和海关的矛盾又加深一层。

接受过西方教育的资产阶级改良派从反对海关外籍税务司殖民统治出发，坚决主张海关由国人管理，以保国权。他们认为，中国从来没有把自己的利权交给外国人的历史，如果不尽快改变这种不正常现象，今后将会蹈印度亡国覆辙。

1904 年 3 月，清政府开始限制和削弱海关权力，成立商部接管海关的商标注册权，后来因为公使团反对，接收商标注册权的事情不了了之。但正是这件事情，增强了改革派要改变海关现状的决心。

《马关条约》签订后，清政府以海关税收作为抵押，进行了三次大规模借款，导致关税税款大部分流入英、德、法、俄四国，海关变成了纯粹代表外国债权人利益的征税机构，不再像从前那样，看上去是在努力为朝廷服务了。在三次借款合同中规定，还款期为45年，还清借款前，海关总税务司一职仍照以前的办法，由英国人担任。爱国人士认为这侵犯了中国主权，在将来总税务司人选问题上，束缚了中国的手脚。因此，加深了总税务司与朝廷的矛盾，激化了朝廷官员的不满。

《辛丑条约》后，中国赔款4.5亿两。清政府不仅把海关洋税全部抵押进去，而且将通商口岸50里内的常关也划归海关管辖，把常关税也抵了进去。海关在财政上支持清政府的重要性大大降低，朝廷对海关也不如往日那样看重了。

商人们也说，中外通商几十年，中国也有人精通税则、熟悉条约，与其

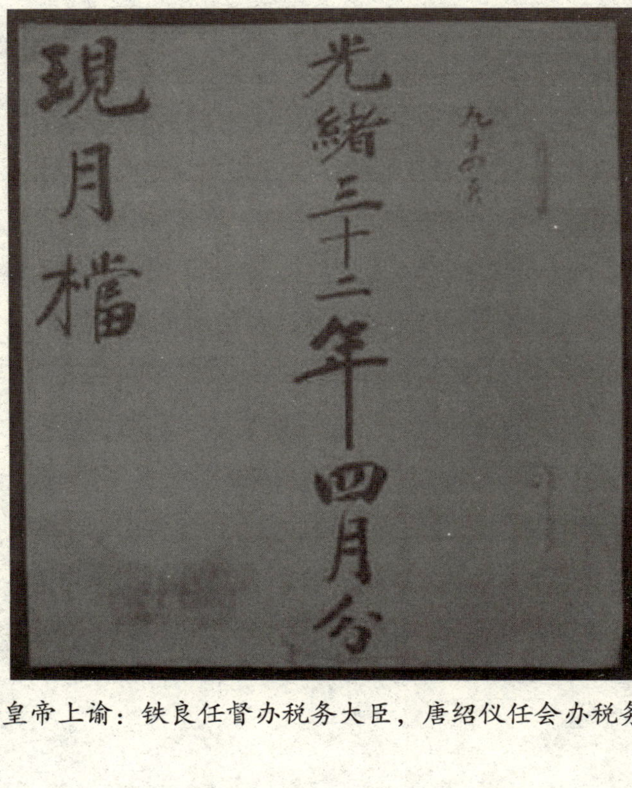


光绪皇帝上谕：铁良任督办税务大臣，唐绍仪任会办税务大臣

晚年时期的赫德

用袒护外人的外人，还不如任用自己人。

朝廷上下形成一股力量，这股力量越来越强，在他们极力主张下，朝廷设立税务处，接管海关权力。

1910 年 1 月，邮传部制定《各省在小轮船注册给照暂行章程》，规定所有华商大小轮船，一律向该部注册，否则，海关不得发给“船牌”、“国家牌照”或海关执照。

从此，海关管理华商轮船的权力也失去。不久，邮传部又把邮政业务接管过去。

# 缉私舰队

同治七年(1868)，总理衙门同各有约国制定《会讯船货入官章程》，规定海关没收的案件由海关处理，外籍受处分人不服税务司裁断，可以通过领事要求召开会讯法庭。会讯之后，如法庭裁断没收，受处分人不得上诉。但是，如果领事对裁断有异议，受处分人可以上诉，最高裁定人为中国外交部门和受处分人国家的驻华公使。执行的处罚依照情节轻重有罚款、充公、禁止营业等3种。因为外国公使馆偏袒他们自己人，走私受到的处罚一般比较轻，有的甚至根本不受处罚。此外，当时的税率也很低，海上从事走私的船只并不多，海关对海上缉私也不太重视。

1887年前，海关派驻香港的缉私船艇有7艘，4艘装配100匹马力蒸汽机，

粤海关关艇“飞虎”号（摄于1932年）

3艘为内燃机。1910年，总税务司向英国购买排水量约300吨的缉私舰2艘，分别命名为“专条”号和“厘金”号，在珠江口和香港附近水域查缉巡逻。

1920～1925年，中国海关先后购买6艘船，配备“马克沁”重机枪、轻机枪、长枪、短枪，编入缉私舰队。

永安号缉私艇报警钟

望远镜

1929年《国定进口税则》实施后，走私活动渐趋严重，日本和东南亚各国的武装走私船增多，并抗拒海关缉私，打伤打死船员现象时有发生。为此，海关加紧扩充缉私舰队，1927～1932年间，向英国购买了排水量500吨的“华星”、“荣星”、“飞星”、“查星”等缉私舰，又向香港太古船厂订造“关雷”、“关权”等内燃机缉私艇，编入海关缉私船队。1933~1934年，江南造船厂赶造两批排水量500吨~800吨的缉私舰。

此后，海关大小舰艇保持在30艘以上，分为3队：华中缉私舰队，总部设在上海江海关；华南缉私舰队，总部设在香港九龙关；华北缉私舰队，总部设在烟台东海关。华南缉私舰队拥有半数的舰艇，实力最雄厚。1937年，海关向挪威购买载重6000吨用于缉私的快艇母舰，命名为“福星”号。母舰除配备2艘时速45海里的高速快艇外，还载有8艘时速20海里的中速快艇。

缉私舰队在交通水道上日夜巡逻，形成一条沿海封锁线。1935~1937年间，每年缉获走私货物价值20余万元（银元），缴获武装走私船10多艘。

1934 年 3 月九龙关缉私小分队

“七七”事变后，海关缉私舰成为日本海军的攻击目标，华北缉私舰队随着烟台沦陷而瓦解。

1937 年 8 月 13 日，日寇进攻上海，华中沿海形势紧张，几艘在浙江沿海巡逻的舰艇驶往香港，加入华南缉私舰队，留在上海的舰艇则被炸沉或被日军抢走。1941 年 12 月太平洋战争爆发，为避免舰艇落入日军手中，全部舰艇（共 18 艘）被自行凿沉或炸毁。

日本投降后，海关以象征性价格，向美国购买 60 余艘海军退役扫雷舰、炮艇作为缉私艇。1946 年 12 月 30 日，海关宣布恢复华中、华南和华北 3 个缉私舰队，华南缉私舰队的实力仍然最强大，拥有半数以上的缉私舰艇。缉私舰艇日夜在广东和广西沿海巡逻，多次抓获武装走私快艇、轮船、炮艇。

1949 年 10 月，根据总税务司命令，6 艘缉私艇强行开往台湾。留在香港的 34 艘缉私舰艇和辅助船舶于 10 月 22 日参加起义，1950 年 6 月 15 日，全部开往广州。在解放万山群岛、海南岛过程中，发挥了重要作用。

此外，各关根据各自的实际组建巡缉队或关勇队，有的海关组建关警队或港警队。1933 年，经总税务司批准，九龙关关警正式列入海关编制。九龙关关警人数增至330多人，共编为11个队，其中10队为步兵队，1队为马队（配良马17匹）。1935年起，各地海关陆续建立关警队，加强武装缉私。

关警队建立初期，配备英式长、短枪，比军队使用的武器还先进，20世纪40年代后期，关警队拥有武器近40种，包括轻机枪、重机枪、步枪、手枪等。

新中国成立后，缉私艇和武器装备分别移交海军和公安边防部门。

# 海关“抗日长征团”

1937年11月26日，上海，黄浦江码头。一行人正在挥泪告别。

这是江海关关员为“江海关同人救亡长征团”送行。

日本占领上海后，上海党组织遭破坏，一些党、团员为寻找党组织，决定辞职组织“江海关同人救亡长征团”进行长征。“长征团”有11名关员、8名家属和1个未满周岁的孩子。

江海关大楼

“长征团”到广州进行抗日宣传活动后，接着北上，其中1人留武汉从事抗战工作，其余人员到达延安后，被送到抗大、陕北公学学习，毕业后分别到政府机关、部队或留校工作，部分同志为中国革命献出了生命。

早在“九·一八”事变时，江海关就开展了抗日救亡活动，为东北义勇军进行“爱国捐”，支持义勇军抗击日寇。“爱国捐”暂以两年为限，按正薪5%计算，每月月终由会计代扣。“爱国捐”活动，得到全国海关华员响应。开展“爱国捐”活动前，估计每月捐款达25 000元，后来每月捐款都远远超出这个数。两年后，又开展了“续征爱国捐”活动。几年下来，“爱国捐”征收75万多元，大部用于支援东北抗日联军、傅作义绥远抗日军队、淞沪抗日军队，还有一部分捐给了红十字总会和医院，20万元认购了“救国公债”，2万元赠送给新四军。在抗日捐赠活动中，关员除了捐钱外，还把自己的金银首饰甚至订婚、结婚信物，也拿出来捐献。

地处长江中游的江汉关关员，积极响应“外班华员俱乐部”号召，参加爱国捐献活动，每月发薪水时，扣工资5%，汇给上海全国海关华员爱国捐献管理委员会。后因前方战事吃紧，战况日趋惨烈，又决定所有华人关员凡薪金在100元以下的每月扣5%，100元以上的扣6%，200元以上的扣7%，300元以上的扣8%，400元以上的扣9%，500元以上的扣10%。

“八·一三”淞沪会战期间，江海关党支部、团支部为了扩大活动范围，成立“海关华员战时服务团”进行募捐，并用募捐款购置卡车、摩托车、自行车、罐头、香烟、棉背心、急救包等，慰劳前线将士或救济难民，捐款数额居全上海之首。

国民政府军队从上海撤退后，江海关连同所处的上海租界成为日军包围中的“孤岛”。1938年，在没有中国人参与的情况下，英国和日本签订《中国海关协定》，出卖中国利益。不久，伪南京维新政府准备接收江海关。

关员们十分气愤，坚决反对。地下党支部立即开会，商讨对策，认为开展抗议活动有4条有利因素：一是抗议活动会得到海关全体关员的支持；二是上海租界成为“孤岛”，抗日救亡运动处于低潮，华人关员反对敌伪抗议行动，将震动全国，具有巨大意义；三是每天世界各地的商船在海关报关结关，罢工一天，商船就要在上海多停一天，他们会用电报与国外联系，把罢工的消息传到世界各地，意义更大；四是日本与英、美、法之间的矛盾尖锐，英、法租界当局对护关行动不会阻挠。

地下党支部决定，把抗议活动日期定为5月7日，先由外勤和税警罢岗，接下来内勤响应，停止工作，然后召开大会，发表宣言，举行记者招待会，扩大影响。为了防止海关当局打击，中共党员和积极分子避免暴露，以免造成损失。

1938年5月6日晨，伪南京维新政府派来的汉奸李建南和日本驻沪副领事、日本海军军官、日籍探捕、日本警察一行人，气势汹汹来到江海关，准备接收。

关员们闻讯，立即聚集到饭厅开会。会上宣读了江海关华员反对伪政权接收和悬挂伪旗的宣言。

最后，“华员护关运动委员会”决定，次日举行罢工。

5月7日，罢工如期举行。当天下午，上海职业界救亡协会召开紧急会议，邀请护关运动委员会派代表介绍斗争情况并发表宣言坚决支持关员们的斗争，还向上海各界同胞呼吁，援助海关华员的护关运动。

上海学生联合会也发表宣言：江海关全体华员是上海300万市民的先锋，他们发动这次斗争，恰是回答了300万市民对他们的要求。大、中、小学数万青年学生，决不能听任汉奸卖国贼在上海猖獗。

1937年江海关妇女联谊社主办救济难民卖物会时小演员合影

罢工当天，外轮就将海关华员罢工消息传到香港和欧美，各地报纸先后进行报道，影响遍及世界。

罢工坚持了两天，5月9日，关员开始上班。

江海关罢工后，上海及全国各地报纸纷纷发文支援。汉口《新华日报》发表题为《上海海关华员罢工事件》的社论，赞扬上海爱国关员以罢工为武器，反对敌伪恶毒无耻行为，为中华民族争了光。上海《文汇报》以“上海全体市民”名义，号召全国同胞声援江海关华员护关运动，发动全面力量与海关关员共同奋战到底。

日军开始报复。复工当天，税警杨文龙在大关码头被日军宪兵逮捕，接着帮办张鸿奎也被日军宪兵逮走。为防止意外，参与活动的内外勤华员被默许离职回家休假。几天后，张鸿奎由海关出面保出，杨文龙后来也出狱。

5月17日，总税务司梅乐和批准罗福德请示，把组织罢工的关员调离上海。

# 苏区税关

1928 年，中国工农红军在井冈山建立根据地，成立苏维埃中央政府。苏维埃中央政府认为，在根据地相对稳定后，中央财政不能完全依靠打土豪和罚款，应以税收来解决。为了发展经济，打破经济封锁，缓解物资供应上的困难，在赤白区交界处开展贸易，把食盐、布匹、西药等紧缺物品从白区运进根据地，把竹、木、油、茶等物品从根据地运到白区。

1930 年，赣东北工农民主政府在各县建立对外贸易处和船舶检查处，管理苏区和非苏区间的贸易。船舶检查处是船舶监管和征税机构，从一定意义上说，这是中国共产党领导下的最早海关。

苏区的税率很低，粮食交易不收税。船舶检查处每天的税收大约有 3000 元。

1931 年，各县苏维埃政府为解决财政困难，自行设立关税处。当时，江西的 11 个县境内设立了 17 个关税处，福建 4 个县境内设立了 7 个关税处，归财政部税务总局关税征收科管理。财政部还颁布《关税细则》及《关税制度宣传纲要》，以文告形式在根据地广泛张贴。

皖西北特区苏维埃银行发行的一元币

关税处一般选择在地势险要、水路船运便利、陆路驿运隘口处。

各关税处人员多寡，根据业务情况来定，有检查员 2~3 人，核算、会计、出纳、管理、调查统计、伙夫、挑夫各 2 人。关税处主任人由县苏维埃主席团选定，报苏区政府财政部委任。

关税处设在与国统区交界的地方，经常受国民党军队和地方武装的攻击，为此，关税处配备有武装部队，邻近白区的关税处，配属一个排或两个排的兵力；处于较安全地区的关税处，配一个班或两个班的兵力。

所有进出船舶，关税处都要派人上船查验。检查后，检查员填一份验货单，核算员根据验货单核算税款，再交会计开出缴纳税款单交出纳员，出纳员收到税款后，把税票交纳税人。

货物纳税后，关税处派人在船上用木板写上一个大字，作为已纳税的暗号或凭记，木板上的字每天更换，由上级传下来，红军看见这个字就放行，如果没有这个字，或这个字与当天传下来的字不一样，就知道商船是偷关，就要鸣枪警告，再不听就会开枪。

一出根据地，商人们就把写有字的木板丢掉，否则国民党的兵就会找他们麻烦。

苏区运出货物一般征收 3% ~5% 的税，最高不超过 10%。运进根据地的货物，洋货征收 5% ~10%的税，化妆品征 50% 的税，迷信用品征 100% 的税，生活必需品如盐、纸张、电器、西药等免税。

当时，大的关税处一个月收税 3 万元，小的关税处一个月也能收 3000 元，税款直接上交财政部。

关税收入是一个不小的数目，为解决中央财政困难，起到了重要作用。

中央苏区关税处仅存在三年，红军长征后，自行撤销，一部分人员参加长征，一部分人员留下来坚持游击战争。

总的来说，苏区海关机构对进出境事务的管理，带有强烈的军事色彩，它的工作首先是服从革命战争的需要，其次才是经济方面的要求。

# 解放区海关

1945 年 8 月 24 日，日本投降，烟台解放，贾振之、张学礼、张超、张威伦、任西等五人接管东海关。

东海关主要监管胶东解放区与国统区及香港、朝鲜间的贸易往来，稽征人员外出征税，随身带着武器、票据、验讫章、税款等，用包袱包紧，捆在腰后，往返步行。

接收东海关的同时，威海关、龙口关、石岛关也被接收。

洋人治下的东海关，关员收入较高，接管小组决定，维持其丰厚待遇，每人每月发给小麦 250 斤，工人每人每月 180 斤（当时，小学教师每人每月苞米 120 斤，中学教师每人每月苞米 200 斤）。八路军干部实行“供给制”，没有工资，吃穿由公家供给，每月发 2 斤黄烟或几个北海币，仅能买牙膏、毛巾之类的日用品。

山东解放区人民海关工作人员胸章

胶东解放区海关工作人员佩戴的关栈临时出入证

因忙于备战，对怎样建设人民海关缺乏研究，各海关做法不一。威海海关对旧关员开展集中学习后，重新分配工作，报关手续等沿用旧有程序不变。龙口海关对旧职员全部留用，废除旧海关的工作制度，办理报关手续时，使用抗战中解放区所实行的三联税票，结合使用新印制的出入口报关单。

各海关隶属胶东行署工商总局和当地工商局。

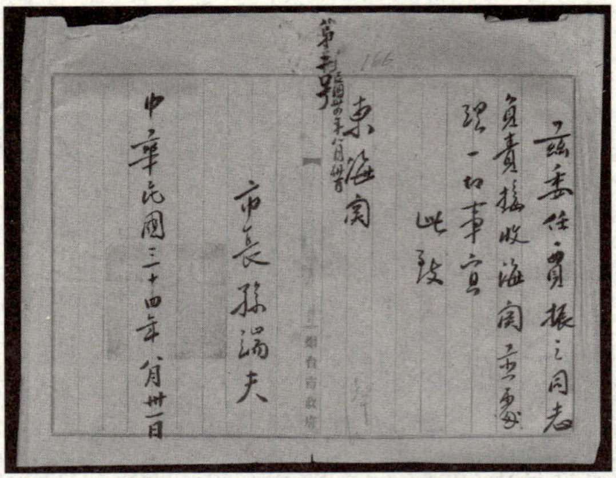


1945 年 8 月 31 日烟台市政府委任贾振之负责接收海关委任书

后来胶东行署决定，威海、龙口、石岛、乳山等海关改为东海关分关，统归东海关领导。东海关仍沿用旧名，内设总务、秘书、会计、监查、港务等5个科，科下设股。另外，组建了青岛、胶州、胶高 3 个经济工作队，封锁青岛、潍县敌占区，管理进出口货物、旅客，征收进出口关税。为充实解放区，东海关鼓励商人走私——从国统区运进粮食有奖。商人见有利可图，千方百计地把敌占区的小麦、玉米运进来，为解放区提供粮食保障。解放区急需的民用、军需品（如粮食、棉花、医药等），则采取简化手续和低税、免税政策。

1947 年 9 月 1 日，国民党军队向胶东解放区发动大规模进攻，东海关大部分人员撤出烟台，遵照“经济上绝对封锁困饿敌人”的方针，新设 5 个海关事务所、9 个海关检查站，组织群众缉私，与敌人展开封锁与反封锁斗争。此外，东海关还与烟台市银行、工商局组成烟台经济工作队，配合民兵检查集市，穿插敌后，封锁交通要道。

随着解放战争节节胜利，东海关派出大批干部随军南下，在艰苦复杂的新区开展海关工作。

1946~1948 年期间，山东解放区政府先后在渤海、滨海、滨北等解放区建立了人民海关，在沿海各口岸（青岛港除外）设立海关分支机构，海关工作人员有 1083 人。后来，这些同志大部分随军南下，接收江南地区海关。

与此同时，东北解放区也建立了海关。为了解决经济困难，东北人民政府在东北沿海、沿边地区，设立海关机构，监督管理进出东北解放区的货物，征收进出口关税，查缉走私漏税。先后在辽宁东部设立安东海关（今丹东海关），在普兰店设立辽南税关。之后，又设立了延边海关（即图们海关）、盖平海关、辽阳海关、营口海关、瓦房店海关，在中苏边境设立满洲里海关、绥芬河海关。

由于战争影响，各省、各县之间缺少联系，自立关卡，自定税则，征收出入口税和出入境税。1947 年 2 月，东北税务总局统一管理解放区进出口货物征税工作，取消各地关卡。为此，税务总局发出通告公布：凡进出解放区的应税货物，哈尔滨地区向税务局报税报验，西满地区向昂昂溪税务局报税报验，东满地区向图们税关报税报验。接着又公布了《关于统一东北解放区出入口货物及地区税收的布告》，规定省与省之间，不得征收进出口税、出入境税或过境税；省与省之间互相承认税票、税花及一切纳税手续；运往解放区以外省份的，须缴关税。出入境货物暂按 20%征收关税。

东北解放区主要以哈尔滨为中心，开展对苏联的国际贸易。对苏联出口以粮食、煤炭为主，从苏联进口军用物资、机器、药品等。不久，又开展了与朝鲜、香港、韩国、日本、英国的贸易往来，出口以粮食、煤炭、原木、食盐为主，进口以钢材、水泥、胶鞋及工业用油为主。

1949 年 7 月 30 日，东北行政委员会决定，在沈阳成立东北海关管理局，统一领导东北地区海关工作。

由于物资缺乏、财政困难，东北各海关关员同其他行业的干部一样，实行低标准的实物供给制，过着十分俭朴的生活。一些海关开展生产自给活动，一边工作，一边种植粮食、蔬菜，喂猪养鸡，改善生活。

# 江汉关迎接解放先锋队

江汉关大楼

夜已经深了，刘怡冰、徐中玉打开电台，频率调整到“新华广播电台”，开始收听新华广播，两个人边听边记。突然，有人敲门，二人又把电台频率回复到日常状态。

打开门，有两个人立在门外，自称是总税务司署来汉口出差的，住在三楼，晚上闲着无聊，想找人说说话。

徐中玉说，这里是气象发报室，每小时要向东京、上海、香港的天文台发送一次气象观测数据，外人不便进来。二人听了，悻悻离去。

这事儿说起来还有点儿传奇色彩。地下收听站设在二楼气象室，每天晚上收听新华广播后，将有关内容印成传单。专门破坏地下组织的国民党特务在他们头顶上的三楼，也设了一个监听站，侦测电台信号，从事破坏活动。敌我双方在一个屋檐下相处了七个多月，相安无事。

后来有一天，上级党组织突然派人来说，国民党特务组织在三楼办公，那天晚上要找他们聊天的两个人就是特务，二人听了惊出一身冷汗，立即将收听设备转移走。

徐中玉、刘怡冰、李葆初三人一起考进江汉关，三个人很快成为要好朋友，经常在一起讨论时局。三个人还成立了一个读书小组，阅读进步书籍。第二年秋，他们与中共武汉市委取得联系，在武汉市委领导下，成立“江汉关民主青年先锋队”，吸引青年关员参加进来，一些年轻关员通过他们的介绍，奔赴解放区。

不久，根据中共武汉市委指示，“江汉关民主青年先锋队”改名为“武汉人民解放先锋队”，总部设在江汉关，由徐中玉、刘怡冰领导。

随着解放战争形势的发展，人们越来越关心时局变化，中原军区城工部要求“武汉人民解放先锋队”尽快建立地下收听站，收听新华社广播，出版地下刊物，将党的政策和解放战争胜利的消息，传播到人民群众中。刘怡冰、徐中玉研究决定，在江汉关大楼二楼设秘密收听站。收听站建立起来后，每天晚上由刘怡冰收听记录，徐中玉刻写，郭志达油印，然后大家一起装封，连夜分送到电信局、公路局等地下组织散发、张贴。

武汉三镇的人民群众甚至关在监狱的同志，通过他们油印的小册子和传单，知道了解放战争的进程，了解了党的政策。

根据中原军区城工部指示，刘怡冰、徐中玉乔装打扮，频繁出入娱乐场所，与守卫武汉的国民党军官拉上关系，拿到《龟山工事图》和国民党军队动态资料，送给攻城部队，为解放军进攻武汉作出重要贡献。

解放武汉的战斗打响之际，城工部又指示徐中玉、刘怡冰，设法搞一部无线电通话设备送给武汉市委，以加强与各区党组织的联系。二人与“海济”号大副黄运昌联系，由黄出面将“海济”号上的无线电设备拆卸下来放进仓库，然后再搬出来，交给地下市委。

1949年5月，解放军攻城前夜，国民党军队准备炸毁江汉关大楼，徐中玉和刘怡冰带领关员轮换值班，日夜守护，国民党军队一直没有得手，使大楼完整保存下来。

5月16日清晨，国民党军队退出汉口，汉口市区一时出现真空状态。一帮散兵游勇纠集在一起，准备抢劫江汉关。他们先抢劫海关码头和船上没被烧尽的财物，然后朝江汉关奔来。徐中玉、刘怡冰带领20多名关员从武器库中拿出步枪和手枪，挡在大门外，并朝天鸣枪警告。匪徒见海关已有防备，既不进也不退，双方僵持起来，几个关员冲上前，抓了两个匪徒，捆在电线杆上示众，还把关轮“汉霆”号上的主机抢夺回来。那些还在犹豫的匪徒见不是对手，掉头逃走。

说起来，又是一桩巧事。这天上午，驻守武昌的国民党炮兵部队本打算向汉口这边放一通炮后开逃，正欲开炮之际，听到江汉关的枪声，以为解放军已经进城，惊慌起来，收起大炮，急忙逃跑。

关员们保护关产的行动，不但使关产免遭洗劫，也使汉口免受国民党炮兵的狂轰滥炸。

1949年5月16日15时，解放军入城，关员将早准备好的红旗在江汉关大楼升起。这也是武汉市升起的第一面红旗。江汉关秧歌队还第一个走上街头，高举红旗，敲锣打鼓，迎接解放军进城。

在江汉关关员们保护关产、开展革命活动的同时，上海江海关的关员们也在紧张有序地进行着斗争。

根据中共上海市委关于建立护厂队、纠察队、消防队和人民保安队的指示，1949年3月，江海关成立纠察队，日夜保护设备、档案、物资、仓库、码头、车辆、船只等。纠察队有400多名关员，8人一小队，共分50队，归中共上海市委组织的人民保安队领导。

为了加强武装，5名港警冒险到敌军戒备森严的浦东海关军火库，取出10支手枪、583支步枪、10挺机枪和63箱子弹，运进海关大楼地下仓库。

国民党青年军残部窜入关警杨树浦训练所，把江边的木码头撬起来垒作掩体，向浦东射击。关警队长带领关警赶来，把他们赶走。青年军被赶走了，又来了一批盐警，要缴关警队的枪，关警队坚决不从，盐警无奈退走。这期间，轮渡码头遭流氓哄抢，十六铺码头遭国民党伤兵起哄，关警队及时赶到，将事态平息；市府大楼有人烧档案，海关立即派一队港警到市府大楼阻止，并将大楼保卫起来。

驻守在百老汇大厦的国民党五十一军负隅顽抗，与五十一军军长有特殊关系的关警队督察王中民写了一封信送过去，五十一军军长接信后，下令停止抵抗，率部投诚。

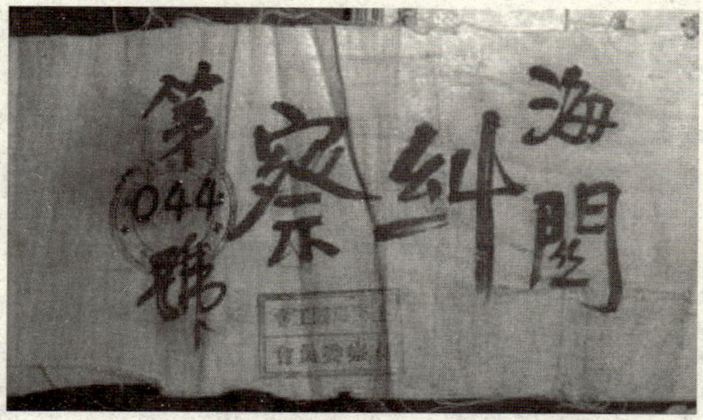

1949年，江海关纠察委员会印制的“海关纠察”臂章

苏州河以南解放的第一天凌晨，江海关大楼正面挂出长30米的巨幅标语——“欢迎人民解放军解放大上海”，同时，在海关钟楼顶上，升起女党员缝制的红旗。

这是黄浦江畔升起的第一面红旗！

1949年5月30日，江海关把关产、档案、水陆器材及大批武器弹药，移交上海军事管制委员会。

# 九龙关起义

因为与香港总督有连襟的特殊关系，1949年8月1日，经蔚斐被派往九龙关主持工作。这时离中华人民共和国在北京宣告成立还有两个月，四野的部队已经大兵压境，只是高层还没决定是先打广州还是西进广西。其实，对时局的估计，无论是当时的财政部长徐堪，还是总税务司李度，都了然于心。

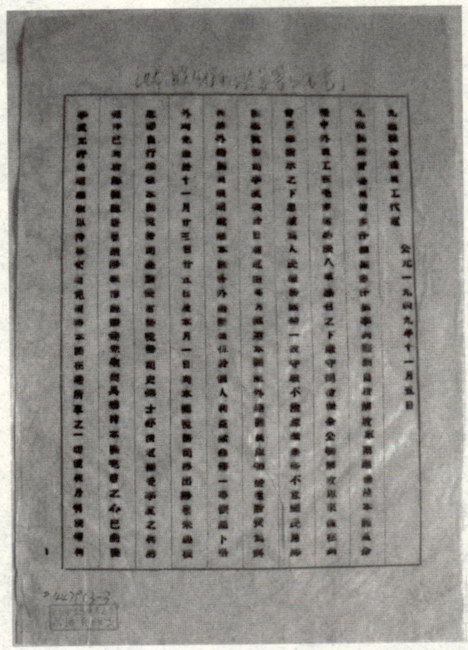

九龙关全体职工宣布忠于祖国的电文

9月2日，李度特地从广州赶到香港，向经蔚斐传达徐堪的指示，并商讨对策。相关内容由经蔚斐整理后，发布在《九龙关政策》上，主要有以下七点：

一是只要情况许可，九龙关继续行使职能；二是采取适当步骤，确保对九龙关缉私舰艇的控制，并做好撤往台湾的准备；三是共产党占领边界后，与共产党当局取得联系，竭力与他们达成协议，使九龙关尽可能按现行方针工作；四是海关今后的工作，不仅要为共产党所接受，也要为香港当局所接受，为此，要与香港当局保持密切接触，达成一项可以接受的通用办法，在共产党和香港当局面前，尽量提高海关的身价；五是要向共产党阐明海关继续在香港工作，税务司应由英籍洋员担任；六是经蔚斐和所有关员，不会自动放弃取得国民政府发给养老金和其他应付款的要求；七是海关被共产党控制后，关员不再听从命令时，应作为丧失享受九龙关一切权利和要求论处，九龙关不再对他们承担责任。

中华人民共和国在北京宣告成立这天，李度再次急电经蔚斐，要他把舰艇调往台湾。九龙关的地下党组织得知消息后，组织船员联名上书，拒绝赴台，甚至派人破坏舰艇的动力设备，企图阻止舰艇起航。对此，经蔚斐断然采取措施，指示舰队司令、同样是英国人的马伯劳联系香港水警，强行将船员驱赶上岸，然后租用拖轮、雇用船员，将 4 艘排水量 1000 吨的 A 型舰、2 艘排水量 275 吨的 Y 型舰调往台湾。

民国时期的海关沿袭清末惯例，实行税务司制度，由洋人把持，不允许关员参与政治活动。但党的地下活动无所不在，早在 1948 年，地下党员林大琪、李国安根据党组织指示，在九龙关成立“进修会”，发动关员为保护关产、迎接解放作准备，并向港澳工委提出具体的行动方案，包括物色积极分子，争取一个华人副税务司支持，逼迫税务司交出设在香港的关产、税款和私货

参加九龙关起义的缉私舰

仓库等。但是，地下党员在海关里级别太低，依靠他们护关护产很难，更别说起义了。到1949年2月，九龙关积极分子已经发展到数十人，成立了护产小组，但也只能达到宣传发动这个层次，采取行动还得靠黄昌燮以二等监察长的身份去执行。

林大琪

这时，九龙关发生一件大事，促使经蔚斐一百八十度转向：九龙关缉私税务司史铎士和二等监察长杨俊虬到白石洲支关视察边境工作，被关警扣留。关警提了两个要求：一是发放三个月的薪津作为应变费，二是把一等监察长杜炽芬和杨俊虬交给关警处理。白石洲支关关警胆敢起事，跟地下组织的宣传策划分不开，更主要的原因是形势变化，粤港边境国共双方势力倒转，九龙关风雨飘摇。可是经蔚斐认为，纵使时局如何混乱，关警是不可能闹事的，一定是中共游击队渗透的结果。这就把黄昌燮推上了前台。经蔚斐把黄昌燮找来，问他能不能联系到共产党，把史铎士放回来。经蔚斐这么在乎史铎士，一是因为老史的老婆赖在他办公室里，活要见人，死要见尸；二是因为老史是美国人，弄不好是国际影响。黄昌燮趁机讲条件，问经蔚斐，如果共产党出面把史铎士放回来，他能不能断绝和台湾总税务司署的联系，向北京海关总署投诚？经蔚斐倒也爽快，表示如果深圳解放，他愿率众起义。

黄昌燮得到经蔚斐的口头许诺后，立即去找李国安，请他向上级党组织汇报，迅速派人来和经蔚斐谈判。上级组织并没有派人来，而是指示黄昌燮向经蔚斐传达了几点意见：一是欢迎经蔚斐投诚；二是可以协助营救史铎士，但要立即停止调缉私艇去台湾；三是要妥善保管九龙关在香港的全部关产，将来移交给接管的解放军；四是同意关警发放应变费的要求，由关警派代表来直接谈判；五是清算杜炽芬和杨应虬的事，经蔚斐可以不去过问。经蔚斐倒是听话，立即照办，3名关警代表到九龙关总部谈判，关警的要求基本上得到满足，史铎士获得了人身自由。黄昌燮趁热打铁，问经蔚斐：共产党说到做到，史铎士回来了，咱们是不是把起义的事给落实了？经蔚斐觉得这事太大，有必要找连襟商量一下。大英帝国的这位总督是个明白人，知道台湾远而大陆近，以后要学着与中共处关系，不得不同意经蔚斐起义。经蔚斐是个急性子，立即就要谈投诚的条件，黄昌燮只好去找李国安。1949年10月14日，黄昌燮陪同港澳工委派来的代表，到税务司公馆同经蔚斐谈判，达成8条协议，主要内容有：一是保护关产；二是换旗，改挂海关关旗；三是深圳解放、缉私总部被接管之日，经蔚斐通电北京海关总署投诚；四是派黄昌燮为税务司代表，去缉私总部安定边境职工情绪，控制局面；五是把缉私舰队调往宝安县以南的深圳湾，改挂关旗；六是接管工作由缉私总部开始，其他支关凭黄昌燮签名的介绍信接管；七是通电北京前，双方保守秘密；八是本协定为君子协定，当晚生效。黄昌燮为见证人和履行协定的保证人。

1949年10月19日，深圳解放，宝深军管会成立。经蔚斐得到消息，给黄昌燮打电话，要求解放军马上接管。黄昌燮找军管会主任刘妆琛请示，刘

“九龙关公署”铜牌

妆琛说要接管的单位太多，海关要迟些日子。经蔚斐怕夜长梦多，担心万一台湾将他革职，他就不能履行协议了。20日一早，他再次急电黄昌燮，要求立即接管。黄昌燮再去找刘妆琛汇报，刘妆琛明白海关的事也怠慢不得，当即决定先接管九龙关。次日上午，军管会接管九龙关缉私总部，成立"九龙关临时接管委员会"，刘妆琛为主任。11月15日，九龙关接管委员会正式成立，九龙关在香港的机构，以九龙关驻香港办事处的名义保留。

起义后，九龙关除向国家移交大量关产外，还移交港币462万元、银元5800元、轻重机枪153挺、其他枪支1037支、子弹37万发、汽车12辆。

海关总署署长孔原、副署长丁贵堂复电经蔚斐，肯定他保存关产有功。1949年年底，经蔚斐向广州军管会提出辞职，军管会海关处根据孔原署长意见，代表海关总署挽留，经蔚斐坚持辞职。海关总署于1950年2月25日，批准其辞职，发给6个月的薪金以示奖励，并发给全家返英旅费。

九龙关被接管后，原华南缉私舰队还有大、小舰艇27艘留在香港，其中Y型舰4艘、C型艇18艘、趸船3艘、交通艇2艘，这些舰艇在当时比较先进，特别是Y型舰，排水量为256吨，最高航速14.5海里，配有武器、回声测探仪器和平面侦察雷达。这些舰艇停泊在香港，调动、使用都受港英当局的监视，很不方便。若驶回广州，可以加强海防建设，支援解放沿海岛屿的战斗。有情报也显示，国民党特务正在对船员进行策反活动。

海关总署审时度势，决定滞港缉私舰艇驶回广州。九龙海关根据指示，制定了"九龙海关缉私舰队开穗计划"，决定于1950年6月17日离港。

黄昌燮随即带领8位解放军官兵，乘坐海关汽车到香港，进行准备。香港报纸听到风声，纷纷报道说"九龙关缉私舰，奉命17日开往广州，借黑夜掩护开出本港"。这一意外情况，对舰队驶往广州的行动极为不利，黄昌燮、李国安决定提前行动。

15日下午4时，李国安带来4位领航员上船，同时，还带来一位广州水上公安人员同船回广州，以便在途中与有关方面联系。5时整，所有舰艇关闭无线电话，8位解放军炮手登船，架炮做好战斗准备，然后，舰队起航。

16 日清晨，舰队驶抵广州沙面，列成长阵，在白鹅潭江面下锚，舰艇头、尾升挂国旗，迎风招展，引得两岸市民驻足观望。

缉私舰队移交华南分局后，参加了解放沿海岛屿战斗。

1950 年 10 月，九龙海关撤销驻香港办事处下属所有机构，除几栋房子外，所有动产迁回深圳。

# 税务司制度在中国消失

中国共产党成立不久，就提出收回海关主权。1922年6月15日，以中央执行委员会名义发表《中国共产党对于时局的主张》，提出11条“奋斗目标”，其中第一条就是“改正协定关税制，取消列强在华各种治外特权”。

1922年7月，中共第二次全国代表大会发表的宣言，阐述了对海关问题的认识：关税也不是自主的，是由外国帝国主义协订和管理的，这样，不但便利于他们的资本输出和原料吸收，而且使中国经济生命的神经系，已落在帝国主义的巨掌之中。两个月后，中共中央机关刊物《向导》刊登的发刊词，对帝国主义侵犯海关主权作了全面的揭露，揭示了海关管理权、关税自主权受外人操控，给中国海关和中国经济发展带来无穷祸患。

中共第三次代表大会通过的《党纲》草案再次指出，帝国主义在中国已取得治外法权、协定关税权，从而支配中国的重要经济生活和政治生活；掠

第四任总税务司梅乐和［英］

第五任总税务司李度［美］

夺海关主权是帝国主义侵略中国的一个重要组成部分，收回海关主权要与推翻帝国主义在中国的统治结合起来。

1924年11月19日，中共中央发表第四次对时局的主张，再次提出“废除一切不平等条约，第一重要是收回海关、改协定关税制为国定关税制”。

长期受压迫的海关关员，深受鼓舞，参加到收回海关主权行列中。

1926年10月，北伐军攻占武汉，江汉关华人关员立即成立职工总会，发表《江汉关职工总会敬告各界宣言书》，要求收回海关管理权和关税自主权。江汉关职工总会的宣言书和倡议，对全国海关产生了很大影响，一些海关也采取了类似行动。社会各界也行动起来，要求国民政府改革海关制度，实现关权自主。

国民党中央第四次全体会议召开之际，“全国海关联合会”代表唐锡卿、张韵、赵耕余前往南京，向财政部关务署请愿，他们在请愿书中说：为国家前途计，迅速收回税则国定权、关税保管权、海关行政权；为全体关员前途计，尽快提高华员职权，改善华员待遇。

关务署署长张福运出面接待，听了三位代表的话，感同身受，激动地说，海关华洋关员待遇不同，应该改善和提高，海关的一些制度也应改变。

不久，关务署下令成立“改善关制审查委员会”，对联合会提出的要求进行研究。经过听取多方意见，“改善关制审查委员会”制订了“改善关制议决案”，呈财政部长批准。1929年2月27日，关务署令总税务司“遵照执行”。

关制改革最重要的是不再招收洋人进关，华洋关员职权平等、待遇平等，一样提升。照这样发展下去，老的洋关员逐步退休，新的洋关员不再招收，华人关员晋升副税务司、税务司和其他高级职务的机会就越来越多。

实际情况也正是朝着这个方向发展。1927年，海关中有洋关员1291人，到1937年的时候，减少到856人。华人关员在海关中任税务司等高级职务的人越来越多，1930年，华人税务司及其他高级职务的有200人，以后逐年增加，到1937年已有323人。

1949 年，中国人民解放军势如破竹，国民党屡战屡败，退到台湾。美籍总税务司李度率领海关总税务司署少数人员跟着国民党军队，先是从上海迁到广州，又从广州撤退到台北。跟随李度一起到台湾的 100 多名洋关员，目睹中国天翻地覆的变化，海关由盛到衰、由强到弱的变化历程，不由得悲从中来，无心再干下去，纷纷要求辞职。国民党政府按海关规定，给他们办理了退职手续。

1950 年 1 月 1 日，李度也觉得台湾弹丸之地，海关不会有什么大的发展，再干下去也没有多大的出息，于是请假回美国。半年后，干脆向国民党政府提出退休。国民党政府聘任他为财政部顾问以示安慰。而海关总税务司职务，由中国人罗庆祥、方度两人共同代行。从此，无论是大陆海关，还是台湾地区海关，完全由中国人自行管理，外籍税务司制度在中国消失了。

在街头巡视的关员

# 现代海关

XIANDAI HAIGUAN

# 人民海关从这里起航

1949年9月，全国海关工作座谈会在北京举行，会议留下一张珍贵的照片。这张照片是当时参加会议的代表合影，前排右起第六人是新中国海关总署首任署长孔原，旁边戴眼镜、长相富态的人，是首任副署长、曾任旧海关副总税务司、代理总税务司及新中国外贸部海关管理局局长，被毛主席直呼为“丁海关”的丁贵堂。

全国海关工作座谈会会议代表合影

北平和平解放后不久，中央财政经济委员会正式成立，在朝阳门内大街“九爷府”内办公。1949年8月，中央财政经济委员会陆续成立包括海关总署筹备处在内的13个处、行、署、部、会等经济管理部门。海关处设在原海关总税务司署的办公地——东交民巷台基厂头条胡同6号。1865年到1929年，那里一直是海关总税务司署的办公地，中国近代海关第二任总税务司、英国人鹭宾·赫德曾在这里办公。这是座英式建筑，由津海关北平分关管理，各项设施基本完好。

海关处是筹建全国海关的中央领导机构，中央指定孔原同志负责。海关处下设秘书组、关政组、人事组、总务组、会计组。

为了解全国海关工作情况，并做好海关总署筹备工作，中央财政经济委员会邀请全国各海关代表来北京共商筹建新中国海关大计。通知发出不久，会议代表陆续抵京，幽静的东交民巷渐渐热闹起来。参加会议的代表共36人，其中既有习惯养尊处优、生活考究的旧海关高级职员，也有习惯行军打仗、刚放下小米加步枪的进城干部。有海关处的高尚能、石云阶、朱维崧、佘崇懿、殷之钺，也有老解放区东北海关管理局的孙纯，旅大海口管理处的顾宁，山东解放区的毕可敬、于厚轩，还有人民政府任命的唯一税务司朱剑白，以及原海关总税务司署的高级职员。尚未解放的雷州关代表姚鼎新、正在策划九龙关起义的地下党员林大琪，也经历千辛万苦，辗转来到北京。

会议代表大多乘火车抵京、离京，海关处不接不送。正阳门车站离海关处距离不远，但很多会议代表尤其是从没进过京的解放区代表，人生地不熟，误打误撞，走了不少冤枉道。唯一例外的是丁贵堂，海关处派一辆专车（“大卡车”）到车站接他。曾经在旧海关服务过的司机，见丁贵堂扭动笨拙的身躯爬上卡车时，感叹不已：解放前海关是“金饭碗”，高级职员属“达官显贵”，丁贵堂作为副总税务司，出入都是小轿车，前呼后拥，而今如此简朴，真是解放了！

解放初，国家实行供给制，全体代表吃海关处食堂大锅饭，不分级别，五六个人一间办公室，领一套被褥、铺块床板，白天在办公室办公，晚上在办公室打地铺，大家胼足而眠，为缔造新中国海关废寝忘食。用惯了刀叉的旧海关代表，感受着新鲜的革命大家庭生活氛围。会议期间，没有会餐和加菜，唯一的一次特殊招待，是请会议代表们观看了一场京剧。

9月23日，全国海关工作座谈会在海关处会议室开幕，会议主要议题是研究人民海关工作的方针、任务和业务范围，全国海关组织机构及领导系统，新的海关总署组织条例草案，海关行政与业务问题（验征、税则、查私、海务、统计及人事等）。

参会人员按照组织、人事、税则验征、查私、海务港务五个专题，分组讨论，并撰写专题报告。

期间，时任中央财政经济委员会主任的陈云到会讲话，他说：“把百年来被帝国主义把持的海关，变为为人民服务的、完全自主的、有利于新民主主义国计民生的海关是根本性的大变革。但在变革中应采取稳重审慎的步骤，应当把旧海关内对新民主主义有用的东西，如组织技术、经验等接收过来。”陈云的这一指示，为改造旧海关、创建人民海关指明了方向。

北京东交民巷台基厂头条胡同6号中央人民政府海关总署旧址

小组讨论过程中，邀请苏联海关专家克里夫什内赫到会，介绍苏联海关的组织与任务。因此，在此后的一段时间内，中国海关的组织形式、管理体制，都留下了苏联“老大哥”的影子。

会议期间，恰逢中华人民共和国成立庆典，会议休会三天，中央财政经济委员会组织会议代表参加开国大典，丁贵堂作为特邀代表，登上观礼台。

10月16日，会议圆满结束。九天后，凝聚着代表们心血的“中华人民共和国中央人民政府海关总署”成立。

这次全国海关工作座谈会，确定了新中国海关采取“独立自主、集中统一”的领导体制，为今天的海关体制奠定了基础。

这次会议代表，在新中国海关创建、发展过程中，居功至伟，除了孔原、丁贵堂外，还有新中国海关关徽设计者陈铁保，后来担任海关总署、海关管理局领导的殷之钺、朱剑白、徐国英等，唯一的女代表佘崇懿在解放初期担任海关总署党支部书记。一些代表成为新中国海关第一批关长，如烟台海关关长于厚轩、汕头海关关长朱维崧、青岛海关关长毕可敬等。

为充实总署机关，从天津、上海、烟台等海关抽调了一批干部；原总税务司署统计科人员，连同统计设备、家属，陆续迁至北京。1949 年 11 月 1 日，中央人民政府海关总署正式对外办公，内设一厅九处：办公厅、税则处、货运监管处、查私处、海务处、财务处、统计处、视察处、人事处、总务处。

海关总署由政务院直接领导，并在政务院财政经济委员会的指导下，管理全国海关事务，实行统一垂直领导体制。

刘少奇副主席在庆祝“五一”国际劳动节大会上，曾形象地说：“我们已把中国大门的钥匙，放在自己的袋子里。”

海关总署成立之初，解放战争还没有结束，面临诸多困难，领导体制与领导关系复杂：新解放的华东、华南、西北、西南等地区海关，由当地军管会领导，其中华南财委设有海关处；东北地区海关事务，由东北人民政府东北海关管理局负责；旅大设有海关管理处，由旅大行署领导；山东省政府工商厅内设有海关科，掌管山东省内海关；华中、华北地区海关，由当地贸易

新中国首任海关总署署长孔原任命书

1950 年海关总署全体工作人员在总署办公楼前合影

管理局领导；天津海关则由华北对外贸易局领导。

1950 年 1 月 27 日，政务院通过“关于关税政策和海关工作的决定”，根据这一决定，海关总署制定了组织条例和办事细则。与此同时，海关总署派员接管天津、上海、青岛、烟台等地海关。同年 5 月 20 日，全国各关与海关总署建立上下垂直领导关系。12 月 14 日，政务院总理和海关总署署长联合发布《关于设立海关原则和调整全国海关机构的指示》，把原有的 173 个海关调整为 70 个，实行新的干部人事制度，辞退洋员，重新任免各地海关负责人。

新中国海关初具规模。

# 新中国首部税则

1951 年 4 月 18 日，政务院对外公布《中华人民共和国暂行海关法》。这是新中国海关第一部基本法律，它明确规定海关的领导体制、组织机构、职责任务及工作原则等，标志着 100 年来被帝国主义把持的中国海关回到人民的手中，成为独立自主的人民海关。

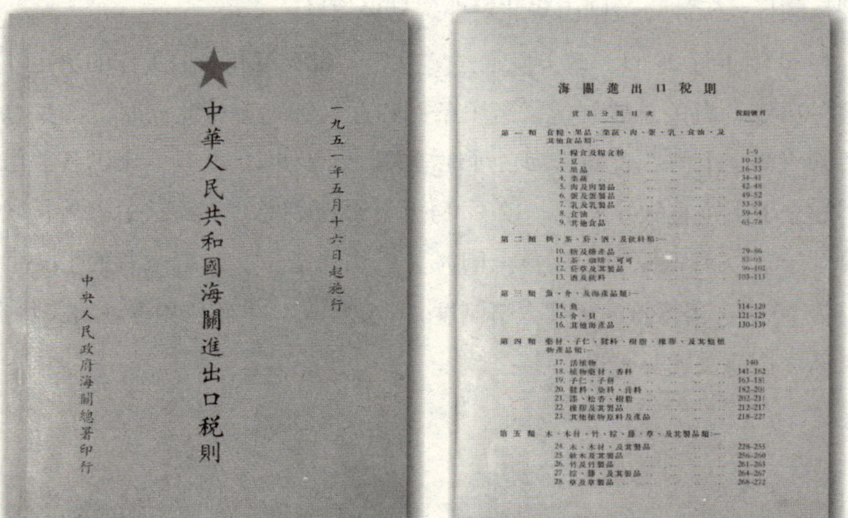


1951 年《中华人民共和国海关进出口税则》

共和国建立之初，满目疮痍，百废待兴。

1949 年 11 月 7 日，秋日的北京，天高云淡，冷风割面。一列从上海开来的列车，缓缓停靠在北京前门火车站，车厢里走下两个西装革履、拎着牛皮行李箱的中年人。走出车站后，二人向台基厂海关总署方向走去。

他们是原国民政府国定税则委员会的专家，一位叫周典，一位叫曹树藩，皮箱里装的是宝贵的税则资料。

说起关税税则，对于中国人来说可谓是一部心酸的历史。近代中国的第一部关税税则，是《南京条约》后的一个怪物。按照中美《望厦条约》等规定，中国变更税则，必须得到他国的认可才能变动。中国的关税自主权逐步丧失。

1928年，国民政府与英、美、法等12国缔结关税条约，承认中国关税自主。同年12月7日公布国定税则，将值百抽五的进口税则改为差等税率，废除子口税、复进口税。但因日本未承认，按照12国签订关税新约解释，有一国不承认中国的关税自主权，其他国家也可不予承认。经过屡次谈判，国民政府屈从日本要求后，于1930年5月6日在南京签订《中日关税协定》。1931年，南京政府国定税则委员会重新制定《国定进口税则》，税率由最低5%至最高50%，共12级。

海关总署成立伊始，曾就制定中华人民共和国国定税则一事，向政务院财政经济委员会专门请示：现各关所用的进口税则，大都以1948年旧税则为参考，其中税目、税率，已不合我管制贸易保护关税政策，自应详为研究妥加修改。

海关总署成立初期，各海关处于分散状态，没有税则，税率不统一。东北地区因解放较早，海关执行的是当地人民政府规定的税收政策。当时，解放战争还在进行中，受到国民党海军封锁，鲜有真正意义上的对外贸易，主要是与国统区间的物资交换。旅大地区由苏军占领，关税政策更为特殊，征收的进出口税叫捐。

鉴于制定关税税则涉及国民经济的各个方面，意义重大，海关总署提请政务院协调其他经济管理部门，组成关税税则委员会。

海关总署的请示发出仅十余日，政务院财政经济委员会就批复同意，海关总署立即指派关税处长吴耀琪、统计处长林大琪、财务处长陈铁保、研究室主任邵德宇及国定税则专家周典、曹树藩等人，组成关税税则临时委员会，并抽调工作人员，组成工作班子。

1950年1月13日，政务院又批准在中央财政经济委员会领导下成立关税税则委员会，主任委员姚依林，副主任委员丁贵堂，刘鼎、关学文、吴波、吴羹梅、陈维稷、石志仁、王静、龚饮冰、王蓬源、江明、杨公兆、李范一为委员，委员分别来自财政部和重工业部等经济管理部门。关税税则委员会下设办公室，在主任委员领导下，负责改进税则的具体工作，八名工作人员从海关总署抽调，工作的地点设在海关总署。

关税税则委员会依据《中央人民政府关于关税政策和海关工作的决定》规定的基本原则开展工作，基本原则是：1. 对国内能大量生产的或将来有发展可能的工业品及半制品的进口采用保护税率；2. 对于一切奢侈品和非必需品，订征更高的税率；3. 对国内很少或不能生产的设备器材、工业原料、粮食种子及肥料等，其税率要低或免征关税；4. 一切必需的科学图书，防治病虫害等物品及若干药品，免征或减征关税；5. 对于凡与中华人民共和国有贸易条约或协定的国家，应该规定一般正常税率，对于凡与中华人民共和国没有贸易条约或协定的国家，要规定比一般高的税率；6. 为了发展我国的出口货物的生产，出口只订低税或免税。

这次订定的海关关税税则，是以当时传统进出口商品为基础，参照国际联盟税则分类目录和苏联关税税则的商品分类办法制定的。按照商品自然属性、用途和加工程度的不同，分为17 大类、89 组、939 个税号，共1700 余个税目。

1982 年 4 月颁行的《中华人民共和国海关进出口税则》

1950 年上半年，关税税则委员会办公室完成税则草案，关税税则委员会审查后，于10月24日上报政务院。为完善配套的法规措施，当月26日，政务院批准《海关审理税则分类估价申诉案件暂行办法》。

1951年5月4日，政务院颁布《中华人民共和国海关进出口税则》及其实施条例，于5月16日起实施。这标志着一百年来，中国拥有了第一部独立自主的、有益于国计民生的关税税则。

《中华人民共和国海关进出口税则暂行实施条例》公布后，海关总署依照《中华人民共和国暂行海关法》，制定了30余种配套规章制度，从法制上保证人民政府对旧海关的彻底改造。

# 关徽的故事

为体现人民海关独立自主精神，1950年5月6日，海关总署向全国海关征集关旗、关徽设计方案，并成立“关旗、关徽审查小组”，成员包括部分海关关长、海关总署部分处室负责人，如广州海关关长陈应中、上海海关关长贾振之、天津海关关长朱剑白，海关总署办公厅主任高仕融、总务处副处长陈琼琨等。虽然征稿结果不理想，但审查小组肯定了用钥匙比喻人民海关把守国家经济大门的寓意。同时提出钥匙应有三个齿，分别代表海关的监管、征税、查私三大任务（1987年7月1日实施的《中华人民共和国海关法》确定，海关任务改为监管、征税、查私、统计四项）。

1951年4月23日，海关总署在《人民日报》刊登启事，向全国征集关徽图案。启事要求：中国海关关徽的含义应包括经济国防的大门钥匙掌握在人民手里，海关三大任务——监管货运、征税及查私，或兼备这两项。

社会各界踊跃应征，海关总署先后收到187件设计方案。6月中旬，办公厅、研究室、总务处及工会代表组成初审小组，经数次评审，筛选出第69号、第86号、第130号、第166号方案作为候选方案。其中，第86号方案以钥匙与商神手杖交叉为基本图案。

1951年7月7日，海关总署第八十二次署务会议将总署财务处陈铁保设计的第86号方案，作为中国海关关徽基本图案，认为古商神杖代表国际贸易为国际所公认，用钥匙与之交叉，表示人民海关已掌握中国经济大门的钥匙，监管进出口贸易。

1953年4月28日，政务院正式批准中国海关关徽方案，并于同年10月1日起使用。

“文革”期间，关徽被“造反派”认为是封资修的产物。1966年8月24日，对外贸易部海关管理局发布通告，停止使用关徽，取消臂章，现场执勤人员佩戴红布臂套，上写“海关”二字。

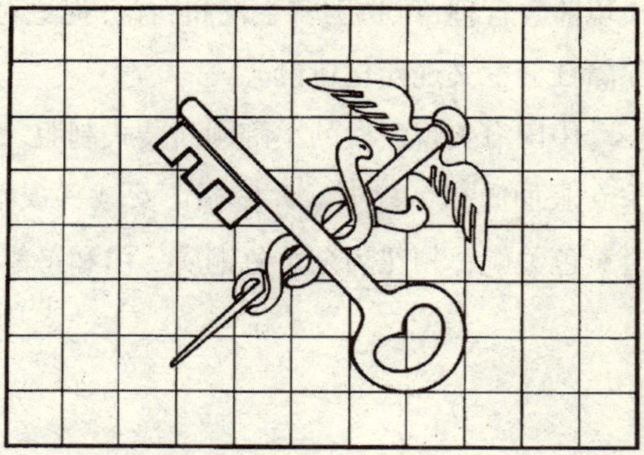

关徽图案

海关制服亦发生变化，取消所有关徽图案，代之以圆形国旗帽徽，上书“海关”二字，被人戏称为“汽水瓶盖”。

说起来，“汽水瓶盖”这个名字，还有一段典故。

“文革”期间，天津海关一辆车外出，车辆超速被交警拦下，车上的同志态度诚恳，自报家门：“我们是海关的。”

交警见红色的圆形帽徽上确实有“海关”二字，亦宽宏大量，和蔼嘱咐道：“原来是山海关汽水厂的。超速危险，下次注意。”（注：天津山海关汽水，在那个年代是畅销汽水品牌。）

改革开放前，对外贸易量少得可怜，出口多为单向或无偿援助，交易对象局限于东欧、亚洲几个友好国家或社会主义国家。海关税收征管、贸易统计、查缉走私被忽视甚至取消，各地海关划归外贸局，成为其下属单位，海关组织机构萎缩，人员锐减。

1984 年，海关总署决定改革海关服装、标志，向全国海关征求意见，各关普遍要求恢复“商神杖、金钥匙”关徽。

1985 年，海关服装方案获国务院批准，“商神杖、金钥匙”关徽恢复。有关徽标志的黄色金属扣海关制服，于同年换发。那时，国家刚刚改革开放，在一片蓝灰的服装海洋中，金光闪闪的关徽，吸引了人们的眼球。

1997 年 5 月 27 日，海关总署发布《中华人民共和国海关关徽使用管理办法》，重新解释关徽的含义为：关徽由商神手杖与金色钥匙交叉组成。商神手杖代表国际贸易，钥匙象征海关为国把关。关徽寓意中国海关依法实施进出境监督管理，维护国家主权和利益，促进对外经济贸易发展和科技文化交往，保障社会主义现代化建设。

中国海关现配发的小翻领西装式制服，配肩章、领带，下面为西服筒裤（夏季女服加筒裙）；男戴大檐帽，女戴平顶帽；肩章为黑色加金牙边，中间有金黄色关徽；领花为金黄色铜质，由和平鸽、关徽组成。

# 海关领导体制变迁

海关博物馆馆藏中，有一件不起眼的纸质藏品，虽是几页发黄薄纸，却在新中国海关发展历史上有着不可或缺的作用。它是1950年1月27日政务院第十七次政务会议通过的，创建人民海关的纲领性文件，其中一项内容为：新中国海关实行垂直统一领导体制。

1949年3月5日，在西柏坡召开的七届二中全会上，毛泽东主席提出：立即统制对外贸易，改革海关制度，这些都是我们进入大城市的时候，所必须首先采取的步骤。1949年5月31日，时任中共中央委员会书记的刘少奇，在起草《中国人民革命军事委员会关于建立中央财政经济机构大纲（草案）》中提出：在应陆续建立的中央财政经济部门中，海关总署为负责管理全国海关的独立行政机关。

1953年海关总署划归对外贸易部时总署部分工作人员合影

1949年6月，时任中央政治局书记的周恩来，在与海关筹备处负责人孔原谈话时指出：新中国海关工作性质要求全国统一，要有具有一致对外的统一性，如果做不到这一点，就不可能成为真正独立自主的人民海关。

根据上述精神，1949年9月23日至10月16日，中央财政经济委员会海关处举行全国海关工作座谈会，研究并具体规划了未来的中国海关实行"统一、垂直"领导体制。

根据《中华人民共和国中央人民政府组织法》，海关总署成立后，着手统一全国海关领导体制和领导关系。1949年10月26日，海关总署通令各海关：在新的海关组织法尚未公布前，全国各海关及其分支机构，暂仍在当地最高政府或军管会指导之下，照常努力工作；海关一切事务及关产，均由现任领导担负全责，今后所有一切表册报告文件，应报送海关总署。

同年12月30日，政务院第十三次政务会议批准《中央人民政府海关总署试行组织条例》，其中规定：中央人民政府海关总署为国家行政机关，统一掌管全国海关一切事宜。中央人民政府海关总署受政务院的领导及政务院财政经济委员会的指导，并与贸易部保持密切联系，执行贸易部颁布的有关进出口货物的决定。

1950年3月8日，政务院颁布《关于海关总署直接领导全国各地海关的通知》："全国各地海关均应立即和海关总署建立上下级的关系，受总署直接领导；一切有关海关的组织、人事、行政、业务等均应向总署报告请示；总署所颁发的一切规章、命令、指示应严格地遵照执行；不经政务院财政经济委员会及海关总署批准，各地不得自由变更。"根据通知精神，全国各关的领导关系，陆续移交中央人民政府海关总署，接受海关总署的统一垂直领导。

1951年5月1日施行的《中华人民共和国暂行海关法》规定："中华人民共和国一切海关机关及其业务，由中央人民政府海关总署统一管理。海关总署负责领导与管理全国海关及其事务，地方海关同时接受各大行政区和直辖市财政经济委员会指导。"

垂直统一的领导体制，奠定了新中国海关的发展模式，保证了国家战后对外贸易的发展。

1952年12月，国家改革外贸管理体制，海关总署划归对外贸易部领导（海关总署更名为“海关管理局”），各地对外贸易管理局与当地海关合并，史称“关局合并”。1955年，各地海关受对外贸易部和所在地省或直辖市人民委员会双重领导，史称“双重领导”。

1960年11月，国务院精简所属工作部门，下放权力，各海关建制下放到地方，成为各地外贸局的组成部分，史称“海关体制下放”。

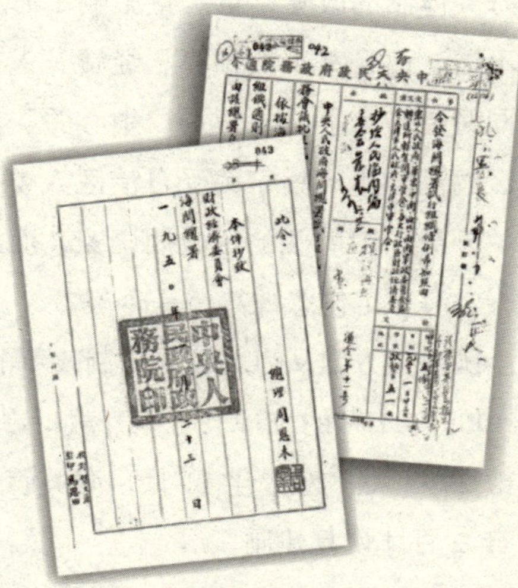

周恩来签发的《中央人民政府海关总署试行组织条例》

海关体制下放后，海关管理局名义上仍有领导各地海关的职责，但因领导体制已由垂直、统一领导体制下放地方，管理职能仅停留在业务指导和检查督促上。各海关普遍反映，这种领导体制，给工作开展造成严重影响。

为此，外贸部组织调查组先后到广东、辽宁、大连、天津等地调查，情况不容乐观：

外贸部1962年决定在云南边境增设5个海关机构，因地方不拨给基建费，长期借用民房办公；

拱北海关湾仔监管站执行对旅客、行李检查任务时用的交通船，是租用生产队的“小舢板”（每月租金100元），有几次执行任务时，遇上大风，“小舢板”被吹到澳门附近，险些造成涉外事件；

全国31个海关，只有28名验估人员（鉴定商品品质，估定价格，确定税则、税号的工作人员），平均一个关不到一名；

天津海关当年分配的38名学生的制服，经与财委联系多次，财委推给外贸局办理，外贸局推给商业部门，时隔一年，仍不能解决；

厦门海关税单用纸，需要逐笔经市长批准，财政局才肯给钱；

广东沿海地区部分县甚至插手进出口货物的管理，严重影响了国家对外贸易的统一管理。

海关体制的改变，也严重影响了海关自身建设，不仅各地海关领导机关杂乱不清，而且基本的预算、经费、人员调配，也得不到落实。九龙、拱北海关同时受省人委、外贸局、中心关、专署和县委等五个机关领导。内蒙古自治区的满洲里、集宁关受自治区人委、外贸局、口岸管理局、市人委等四个机关领导。因海关的税收属国家，而经费、人员编制由地方负责，造成地方政府对海关工作忽视甚至是冷落。

全国海关人数从海关领导体制改革前的7700余人，锐减至不足3000人。根据1965年1月的统计，全国开放口岸设立海关31个，分关57个，在编海关干部2993人。1968年11月，海关管理局被撤销建制，改称业务组，直到1973年2月才恢复建制。

1973年2月15日，国务院发出《国务院关于口岸工作的情况和改进意见》，各地海关机构逐步恢复。

1978年，中国共产党第十一届三中全会后，对外经济技术交流和国际往来日益频繁，进出口货运量增加，进出境人员大幅上升，当时的海关管理体制与管理职能，无法适应新的形势。

中央人民政府海关总署印章

1979年3月15日，外贸部在征询各省（市）、自治区革委会意见的基础上，报请国务院将各地海关建制收归中央，实行双重领导。同年7月，中共中央、国务院决定，海关由中央管理，关税归中央，关税减免报中央批准。

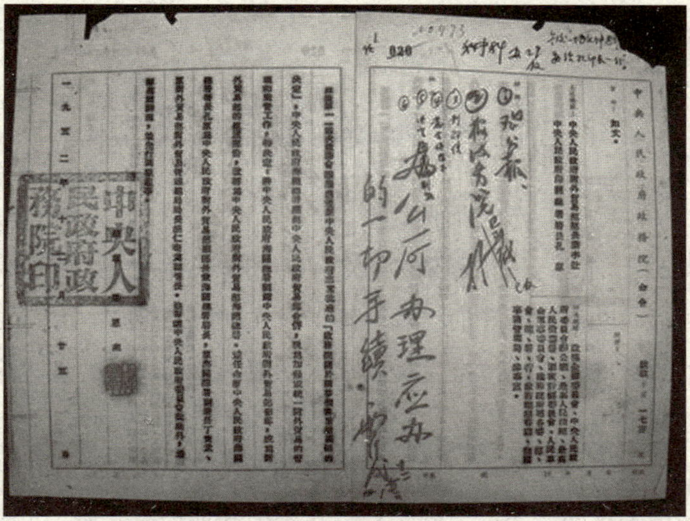

中央人民政府政务院关于“中央人民政府海关总署与中央人民政府贸易部合并的命令”

1980年2月9日，国务院决定改革海关管理体制，全国海关建制收归中央统一管理，成立中华人民共和国海关总署（为副部级机构）作为国务院直属机构，统一管理全国海关。

中央人民政府对外贸易部海关总署印章

1987年1月22日，第六届全国人民代表大会常务委员会第十九次会议通过的《中华人民共和国海关法》规定，国务院设立海关总署，统一管理全国海关，各地海关依法行使职权，向海关总署负责。

为发挥海关进出境监督管理职能作用，1998年3月，海关总署升格为国务院正部级直属机构，统一负责领导全国海关及全国打击走私工作和国家口岸管理、规划。

# “中国海关号”飞机

1950年夏，与中国唇齿相依的近邻——朝鲜民主主义人民共和国炮声隆隆，狼烟四起，以美国为首的“联合国军”在朝鲜西海岸仁川登陆。中国政府根据朝鲜的请求，做出“抗美援朝、保家卫国”的决策，组建中国人民志愿军，入朝参战。11月22日，“中国人民保卫世界和平反对美国侵略委员会”发表《关于在全国普遍深入地开展抗美援朝、保家卫国运动的通告》，一场轰轰烈烈的抗美援朝、保家卫国运动，在全国开展起来，海关关员也积极投身其中。

东北前线各关的货运监管任务陡增，大量的军事物资及国外进口、转运物资，源源不断运抵口岸。

早在1949年12月，大量苏联抗美援朝军需物资，通过满洲里口岸，转运朝鲜前线。苏联援建的156个大型建设项目进口设备，也陆续到达满洲里口岸。一时间，满洲里口岸进出口货物急剧增多，货运监管任务繁重，平均每半小时进出一列火车，海关关员昼夜工作。

处在抗美援朝前线的安东海关（今丹东海关），更是经受了血与火的考验。从1950年8月27日起，美国飞机多次侵入中国领空，进行侦察和轰炸扫射。安东海关干部职工义愤填膺，纷纷要求上前线杀敌，誓言：“当祖国

中国人民志愿军战机

需要我们的时候，坚决挺身而出！” 一次，两位同志在鸭绿江桥上工作，数十架美国飞机轮番扫射，子弹射穿了海关办公室的屋瓦和玻璃窗，两位同志临危不惧，一直坚持到撤退命令下达才离开。除坚持工作外，关员们组织起来，担负警卫巡逻任务，严防土匪、特务破坏，还把节省下的100多万东北币捐献给志愿军。1952年6月23日，美国空军大规模轰炸中国境内鸭绿江水电厂，烈火硝烟中，有中国海关人的身影。

满洲里关告急！

安东海关告急！

沈阳关告急！

海关总署紧急动员全国海关力量，支援东北各关。从1950年7月起，从总署机关和营口、大连、天津、烟台等海关抽调147人，赴东北前线口岸支援。

随着战局的发展，前线迫切需要补充现代化技术兵器，“抗美援朝总会”发出通告，号召全国捐献飞机、大炮。此后，中华全国总工会、全国妇联、共青团中央、全国青年联合会、中国红十字会等团体，纷纷号召各界同胞积极捐献。

恰在此时，全国海关人事、财务工作会议在北京召开，与会数十位代表和总署干部收听广播后，群情激奋，举行大会，孔原署长在会上号召全国海关职工热烈响应“抗美援朝总会”号召，努力工作，踊跃捐款，把所得奖金一部分或全部捐献购买“中国海关号”飞机。孔原署长和丁贵堂副署长宣布，以半年为期，按月捐献薪金的10%。上海海关来京开会的代表王鸿章、朱泽厚、毕力、李光祚、程来远五人立即响应，当场合捐200万元（旧币，以下同），并表示回上海后发动职工捐款。迪化关（今乌鲁木齐海关）代表捐出节省下的差旅费50万元，表示回去后按月捐献每月薪金的20%。当时尚实行供给制的华南各关代表，如九龙关的谭刚、北海海关的陈秉杰等，捐出全部津贴费。

大会还发出“联合倡议书”：“今天，我们海关总署全体工作人员、全国海关人事和财务工作会议的全体代表联合举行大会，一致决议向全国海关职工发起合力捐献‘中国海关号’飞机。希望半年内募捐15亿人民币，购买

总署机关欢送关员抗美援朝

一架战斗机，支援前线。”各地海关干部职工接到倡议书，热血沸腾，纷纷致电海关总署，拥护捐献“中国海关号”倡议。1951 年 6 月 7 日至 17 日，上海海关捐款 3.06 亿人民币（不算黄金美钞、金银饰品等）；天津海关人事科一个小组，一天内捐款 268 万元。海关总署机关积极响应，职工家属也踊跃捐款，蒋宗德捐黄金 6 两（相当于 120 元美金）。7 月份，总署职工家属认捐薪金 1.09 万斤小米（供给制时，以小米为单位），折合人民币 1100 万元。

到 1951 年 7 月 16 日，全国海关共募集捐款 24 亿元人民币（旧币），提前超额完成原定 15 亿元目标。捐款都是个人工资、查私奖金、副业生产收入和加班费。工资不高、没有查私奖金和加班机会的同志，设法节支增收，如大连海关在不妨碍正常工作的情况下，和码头、托运站联系，承担货物整理和装卸工作，体力差的女同志也不甘落后，替其他人缝补浆洗，增加捐款额。一些海关组织员工写稿、画漫画，把稿费捐献出来。泉州支关的同志赶制光荣扇，利用休息日上街义卖，第一天获义卖款 570 万元。

汕头海关的李广寒，把家中的所有黄金饰品捐出；武汉海关的周克把价值 2000 多万元的汽车配件变卖捐出；广州海关的何其堃，不仅自己捐款 300 万元，还动员父亲将一栋房产变卖捐出。

到 1952 年 1 月，全国海关共捐款 32.14442969 亿元人民币（旧币），可购买两架战斗机。

# 春到罗湖

深圳河蜿蜒西流，汇入南海。罗湖桥横跨深圳河，连通港澳。

罗湖桥长不足50米，却闻名遐迩。由于西方国家封锁，相当长一段时间里，全国除北部与苏联接壤的关口外，这座与香港相连的小桥，维系着我国与外部世界的沟通。新中国成立后的前30年里，经这里进出的旅客，占全国进出境旅客的90%以上。

新中国成立初期，九龙海关在罗湖桥设立监管站。由于条件艰苦，关员在桥上摆几张木桌子，检查来往旅客行李物品，从此，开始“木桌检查站”历史。由于露天作业，关员们晴天一身汗，雨天一身湿。南国天气炎热，下班后，

春节期间的入境旅客

脱下制服就能拧出水。一个夏季下来，大家都被晒成“黑包公”。

1950 年 10 月，深圳火车站内建成“罗湖联合检查棚”，虽然简陋，但能遮风挡雨，关员们的工作条件有了较大改善。1954 年 7 月，罗湖旅客行李检查大楼落成，关员们才总算有了一个稳固的“家”。

港澳同胞与内地血肉相连，经常回乡探亲访友。在进出旅客当中，港澳旅客占绝大部分。平时，这些旅客带进各类生活用品，回乡馈赠亲友。三年自然灾害时期，国内经济困难，港澳同胞为接济内地亲友，常携带米面、生油、压缩糕点，甚至是晒干的饭团、刚煮好的红烧肉。

海外游子也从罗湖桥回国。新中国刚刚建立，华罗庚、邓稼先、李四光等科学家从这里回来，参加祖国建设。1955 年 10 月，冲破美国政府的重重阻碍后，钱学森也从这里归来。他领着 6 岁的儿子，步行走过罗湖桥，随后，美国一家报纸用特大字号的通栏标题向世人宣告：“火箭专家钱学森今天返回红色中国！”一年后，中国近代力学的奠基人——郭永怀，也踏上了罗湖桥。还有许多知名或者不知名的爱国人士，都从这里回来了。

为中国体育带来第一个游泳世界纪录的“蛙王”——戚烈云的过桥经历更为传奇。这位泳坛奇才 7 次提出回国申请，都被港英当局拒绝。1954 年的一个深夜，他化装成一名画家，趁驻守桥头的港英警察不备，跑过罗湖桥。

华侨也从这里回来了。新中国建立后，每天经过罗湖桥从各国回来的华侨络绎不绝，他们用好奇的目光打量着罗湖桥，打量着新中国海关的关员。1960 年，大批华侨遭到某些侨居国当局迫害，被迫回国。当他们携儿带女、拖着疲惫的身躯走上罗湖桥时，看到关员的笑脸，和桥头挂着的“祖国人民欢迎你们”的标语，无不百感交集。一些老华侨在休息室里喝着关员端上的热茶时，更是泪流满面。

1971 年 4 月 10 日上午，美国乒乓球代表团用 18 分钟走过罗湖桥，开始中美两国乒乓外交历程。

此后，从这里进来的外国友人越来越多。

在监管工作中，海关关员的原则是“一视同仁，区别对待”，体现国家对不同身份旅客的政策。当时，海关旅检要求“人人过筛，件件开包”，查验工具是自制的手工查验工具，主要靠关员长期练就的技能。虽然每天旅客只有几千人，多的时候也不过一万多人，但是，旅客过关总要排长龙，等上一整天。

春节期间旅客在检查房里等候过关

旅检工作最辛苦的时候，莫过于春节。大量港澳同胞、海外华侨赶在这个时间回内地过年，桥上是人山人海，旅客提着大包小包，蜂拥而过。关员们凌晨三四点钟抵达关口，做好开闸准备。忙完一天工作，已是深夜。因旅客太多，家属都来帮忙，端茶送水，扶老携幼，一时间，男女老少齐上阵。有些关员参加工作后，春节从没有休过假。

旅检工作不仅辛苦，还要经受严峻考验。在20世纪60年代初，常有敌对势力进行破坏活动。1962年8月29日，罗湖桥头就发生一起喋血惨案，一位边防检查员和几名旅客被特务安放的炸弹炸死。关员在检查旅客行李时，不止一次检出炸弹、手雷等危险品。一次，一名关员从旅客行李包里发现一颗定时炸弹，立即抱起跳出窗外，一溜烟跑到山脚下扔掉，从而避免了人员伤亡。

改革开放后，罗湖口岸的历史翻开新的一页。随着中国经济的发展，不但进出境人员大幅增加，进出人员的身份也出现变化，除回乡探亲的外，观光旅游、投资办厂的不断增多。外出参观学习和留学的旅客，也大量出现在过关的人流中。为方便对外交往，国家增开许多口岸，人们进出地的选择也多了，从罗湖进出的人数，占全国进出旅客总数的比率有所下降，保持在40%左右。

1987年，海关总署决定在罗湖口岸设立罗湖海关，隶属于九龙海关（现深圳海关）。

1997年，香港回归祖国后，粤港两地经济逐渐融合，港澳同胞回内地更勤了。到21世纪初，平均每天进出人数达25万左右（春节期间达40万人次），相当于一个中等城市的人口在罗湖桥上移动。

为了让旅客过关过得舒心，不再排长队，罗湖海关加强通关改革。首先改革“人人过筛”的旧查验模式，将旅客自行申报与海关随机抽检相结合；设置“应税通道”与“免税通道”，让未携带应税物品的旅客快速通关。同时，启用X光机检查行李，告别中国海关几十年“纯手工”操作历史。1986年，按照国际通行做法，实施“红色通道”和“绿色通道”通关模式，验放速度提高。20世纪90年代，根据旅客流量日趋增大、行李日趋简单的新情况，实行“放开一般、突出重点”的大通道隐蔽式监管，旅客的过关环境更为宽松和方便。

20世纪70年代末繁忙的旅检大厅

罗湖桥还是防堵走私的“铜墙铁壁”。走私分子为达目的，不择手段：用行李厢夹层藏手表，在芋头或青蛙腹中藏货币，把手表吞到肚子里，利用鼻孔、肛门藏毒。无论走私分子多么狡猾，始终难逃关员的“火眼金睛”。罗湖海关涌现出许多缉私英雄，有郭惠绮、陈立南、杨晓燕等。

1961年2月16日，叶剑英元帅参观九龙海关（现深圳）反走私陈列室后，为关员的工作精神所感动，特赋诗一首：“费尽天才为走私，欺人绝技足惊奇。海关自有降魔术，腹里藏金一验知。”

# 海关关员的摇篮

上海原法租界汾阳路东侧一个绿树掩映、草木葳蕤的欧式庭院中，有一幢奶黄色花园别墅，占地七亩。这座1932年建成的西班牙风格的花园别墅，由上海滩著名设计师邬达克设计。

别墅主体两层、局部三层，建筑面积1200多平方米，砖木混合结构，古典风格，对称布局，旧称江海关税务司官邸。它的最后一位主人是旧中国海关副总税务司丁贵堂，1989年9月，这栋建筑被上海市人民政府认定为文物保护单位。

上海市汾阳路45号别墅——丁贵堂旧居

汾阳路45号别墅，给丁贵堂留下很多记忆，而他被抓进日军宪兵队的监狱，则是痛苦的回忆。

1941年12月7日，日军偷袭珍珠港，太平洋战争爆发，驻扎上海的日军进入法租界和公共租界。1942年3月29日凌晨，日本宪兵队闯进汾阳路45号，将丁贵堂抓进监狱，同时被抓的还有总税务司梅乐和等人。提审时，丁贵堂才知道，他被冠以“反日间谍”罪名。原来日本宪兵队从海关档案中发现，海关曾将华北日本侵略军进出山海关和长城各口情况，密告给南京国民政府。经过一个多月的审讯、殴打，丁贵堂始终拒绝承认“间谍行为”。在社会压力下，日本宪兵队同意丁贵堂被保释，但丁贵堂一家被软禁在汾阳路45号的官邸内，如笼中之鸟，长达数月。

今天的浦东有一所现代化的大学校园——上海海关学院。

把这两座建筑联系在一起的，是另一处早被人遗忘的地方：上海杨树浦184号——江海关码头仓库，一个至今仍偏僻的地方。夏衍先生著名的报告文学《包身工》，就取材于杨树浦日本纱厂女工生活。



1951年元旦刚过，这里来了一群穿干部服的人，他们指点一番后离去。之后，陆续有木材、五金、家具等材料运进来，空旷的码头仓库热闹起来。

大仓库被隔成教室、宿舍、饭厅、办公室，虽然条件简陋，但却干净、整齐。

1951年2月1日，上海各主要报纸的显要位置刊登了总署干部训练班招生公告。

江南油菜花盛开的时节，来自天南海北的452名学员，带着行李、书籍汇集到这里，荒凉的杨树浦码头沸腾了。

5月7日，海关总署上海干部培训班正式开学，此时距离海关总署成立不到两年，吴淞口外一些岛屿还被国民党部队占据，国民党海军舰艇虎狼般逡巡，截查掳掠商船。

为什么海关总署成立伊始就花大精力开设这个培训班呢？这是由以下三个因素促成的：一是华南沿海的主要海关，如九龙关、拱北关大批人员离职；二是国家调整海关工作方针和职责，部分人员抽调到其他机构和部门工作；

三是抗美援朝战争爆发，东北各关监管任务陡增，超负荷运转。人手短缺，成为各关的普遍现象，为此，海关总署紧急筹备开办短期训练班，以解燃眉之急。

培训班设立教育委员会，主任委员由南下干部、上海海关关长贾振之担任，委员由旧海关税务司级人员和原税专的教职人员组成。委员会下设教育、组织、总务三科及秘书室。学员编为五班，每班分为八个组。

业务培训把讲授、阅读、讨论、见习相结合。课程安排上，结合学员思想状况，重点放在政治思想教育，引导学员树立为人民服务的观点和马列主义、毛泽东思想的立场观。

培训班虽物质条件简陋，但氛围融洽，学员们办墙报、板报，组织歌咏队、舞蹈队、话剧团、篮球队，还组队参加上海海关的职工运动会。

经过几个月的紧张学习，1952 年 1 月 6 日，第一期普通班及调训班学员结业。

接着第二期培训班开班，1952 年 6 月 3 日结业。至此，海关总署上海干部培训班的使命圆满完成 . 但培养新中国海关关员的工作仍在继续。次年，经中央财政经济委员会批准，海关总署决定，以“中央人民政府海关总署干部学校”为基础，创办一所中等专业技术学校——上海海关学校，培养对象为具有初中文化程度，年龄在 16 岁至 25 岁之间的青年，使其成为具有高中文化水平、懂得一般海关业务知识的基层工作干部。

1953 年 9 月 9 日，上海海关学校正式成立，海关总署委派上海海关关长贾振之兼任校长，汾阳路 45 号原江海关税务司官邸作为学校办公楼。

上海海关学校初建时，领导关系属对外贸易部海关总署，1954 年后划归对外贸易部人事局，学校也更名为“对外贸易部上海海关学校”，其党的关系属中共上海市对外贸易学院委员会，业务上接受上海市高等教育局领导。

1956 年 7 月，海关学校第一届 192 名学生毕业，奔赴各地海关工作。在校三年期间，他们不仅学习了政治经济学、哲学、中国革命史等，还系统进行了专业知识与技能训练。

毕业前夕，对外贸易部海关总署署长林海云及副署长丁贵堂、胡仁奎联名发信祝贺，信中深情地写到："我们相信，你们将是海关工作中一支新的突击力量。"

1957年2月5日，海关总署任命冯华全为上海海关学校代校长，王培镇为上海海关学校副校长。1958年，海关学校增设一个干部班，各关选送在职干部学习文化，学制两年。

1960年海关体制下放时，海关学校由对外贸易部责成海关管理局领导，其他不变。

1961年，学校有7个班、学生333人，全校师生共计419人。

1963年起，学制由三年制改为四年制中专学历教育。

"文革"中，对外贸易部报请国务院批准，学校停止招生。

1978年经教育部批准，上海海关学校恢复办校。

1980年5月8日，经教育部批准，上海海关学校正式改制为三年制专科学校，隶属海关总署领导。当年9月18日，第一批新生开学。

根据海关业务发展需要，学校在海关管理专业项下，开设海关法、关税和海关稽查三个专业。在保留原海关管理专业的基础上，1996年，将原三个专业方向改为税务、国际经济法、审计三个专业，同时，学校更名为"上海海关高等专科学校"。校址还在上海市汾阳路，占地23亩。

为扩大办学规模，改善办学条件，1997年学校迁往浦东。

1999年2月11日，海关总署致函教育部，请求批准设置行政管理本科专业。

2005年3月14日，教育部同意海关总署筹建上海海关学院。2007年6月6日，学院正式成立。

# 香港的生命线

1962年3月20日，为保证鲜活货物“优质、适量、均衡、应时”地供应港澳，在周恩来总理的关怀下，国家对外经贸部和铁道部共同开创了编号为751、753及755的三趟快车，每日分别从上海、郑州、武汉三地始发，专门运输猪、牛、羊等鲜活商品，经深圳运抵香港。因为每日固定开行三趟，所以习惯称其为“三趟快车”。

在此之前，内地输港鲜活商品，靠零散货物列车运送，运载时间长，线路不固定，设施不配套，沿途活畜禽死亡率很高，鲜果时蔬多有腐烂。“三趟快车”开行以后，铁路部门减少作业环节，优先配车装货和挂运，沿途不停，直抵香港，使运输时间缩短了2/3，满足了鲜活商品运输的特殊要求，提高了商品品质，降低了残次死亡和腐烂损失，其中活猪的残死率从三趟快车开行前的6% ~ 9%，降到2%以下。

海关关员验放生猪

"三趟快车"对香港经济发展作出了巨大贡献。香港媒体亲切地称呼"三趟快车"为"香港同胞的生命线"，其就像一根动脉，把香港和内地紧紧联系在一起。三趟快车自开行以后，始终风雨无阻，从未停驶，原国务院副总理吴仪曾称之为"一项创举和奇迹"。

为配合三趟快车监管需要，1962年，根据海关总署的部署，九龙海关制定了特殊监管方式——"先编组、后报关"。具体做法是：列车到达深圳北站后，由铁路部门重新编组，列车出境前，向海关办理出口报关手续。鉴于鲜活商品易腐易变，不能积压，海关坚持对列车优先验放、即报关即验放，遇到节假日则加班加点，确保其正常运行。

当时，工作环境艰苦，海关驻铁路北站工作组有十几个关员，办公室设在铁道旁简陋的铁皮房里。为保证列车及时抵达香港，不让一头死残猪、牛流入香港市场，关员每天天蒙蒙亮就起床，沿着一条坑坑洼洼、狭长的泥路，来到遍地是猪粪、牛粪的铁路边，爬猪车、钻牛群，开始紧张忙碌的检查工作。遇上全封闭式的装载活牛的车厢，得屏住呼吸逐箱验核，一经发现有死、残、次牲口，就要手拉肩扛将其卸下来。一趟列车查下来，往往需要两个多小时，关员们身上都散发着臭味。遇上狂风暴雨，铁路边小路积满腥臭的泥水，关员们索性卷起裤腿，从水里走过来趟过去。盛夏酷暑，全封闭车内，温度达四五十度，一爬进去，全身发烫，等到转身进入冻柜车，又是零下十几度，这么一热一冷，就像经历一次从盛夏到寒冬。

1976年8月，香港一侧铁路桥被洪水冲垮，大量鲜活出口商品积压在深圳，香港市场肉禽供应十分紧张。政府决定用汽车经文锦渡口岸输出。海关上下一齐出动，一人干两人的工作，奋战42天，使积压的600多卡车鲜活出口商品及时运到香港，满足了香港市场需要。

为便利输港"活口"通关，1988年，海关总署特批在笋岗铁路口岸设立国内首家出口监管仓库，各类"活口"运抵口岸后，直接进入铁路沿线的仓库，经过消毒程序，次日凌晨运送到香港。高峰期时，一天就有来自各地的牛羊猪等数千头，鸡鸭鹅等禽类三四万只。与此同时，海关对监管模式进行改革，实行“先预报、再编组、每月集中报关”的做法，即鲜活商品在起运地装车后，有关单位可凭报关清单向海关进行预申报，货物抵达深圳后即编组出口，事后每月一次集中向海关报关。这一改革实施后，简化了验放手续，加快了验放时间，深受各粮油进出口公司欢迎。为此，全国28家粮油进出口公司联名向海关送匾一块——“勤政、廉政、服务外贸”。

1997年3月20日，在三趟快车开行35周年纪念日前，时任中共总书记的江泽民题词祝贺：“开好港澳三趟快车，促进港澳稳定繁荣。”在纪念大会上，九龙海关被外经贸部、铁道部授予三趟快车运行“先进集体”称号。据统计，在35年里，海关共监管三趟快车达37 000列，验放活猪8700多万头、活牛520多万头、活家禽数十亿只。

# 检查揭发货运事故

新中国成立之初，我国外贸开始起步，1950 年进出口总值为 10.3 亿美元，1951 年即达到 19.7 亿美元，同比增长 52.3%，形势喜人！

但喜中有忧。外贸工作开展时间尚短，缺乏经验，管理跟不上，货运中出现大量事故，给国家造成不必要的损失。

人们心里着急，希望能多管齐下，消除这一现象。相关部门也纷纷提议，要求作为外贸出口的最后一个把关者——海关，也在这一方面发挥作用。

1951 年 12 月，全国监管、验征工作会议召开。会议认为，海关货运监管工作的目的，就是“减少国家进出口物资在装卸、存储过程中的混乱、错误与损耗”。

1955 年，全国海关关长会议总结了新中国成立以来的工作经验，并借鉴苏联的做法，决定把“监督进出口货物在口岸上的正确装卸、保管、运输，检查揭发一切造成国家损失的事故”，列为海关一项基本任务。

同年，外经贸部下达《海关对进出口货物的监督检查职责和实施办法》，明确海关检查揭发货运事故的主要职责：

关员在货运现场查验

1. 检查货物的证件、单据是否齐全、正确；

2. 检查货物的包

装，有无在保管期间或续运途中遭受损失的可能，货物的标记有无错乱、模糊不清的情事；

3. 揭发货物在船舶、火车和其他运输工具内堆放、隔垫和苫盖不当的情况；

4. 揭发货物装载于破损的、不清洁的和不适合装载的运输工具内的情况；

5. 揭发货物在装卸、搬运过程中遭受的损失；

6. 揭发货物被偷窃事故；

7. 揭发仓库、场所所储存的货物因保管不良以致遭受损失的情况。

各海关积极行动起来，根据监管货物的情况，为避免进出口货运中的积压、残损、混乱等不正常现象，做了大量工作，仅 1955 年 1 月至 9 月，就揭发进出口货物残损、偷窃等货运事故 6708 起，单证差错事故 1.75 万起，向有关部门提出改进工作建议。其后，全国海关揭发货运事故每年少则数千起，多则数万起，成果显著。

九龙海关负责监管输往港澳地区的货物，因鲜活商品占较大比例，且容易腐烂变质，海关将其作为管理重点，加强与运输部门联系，提出改进措施，坚决制止死亡、残次牲畜和腐烂变质瓜果流入港澳。

南宁海关在监管输往越南货物的工作中，一方面加强对进出境货物的查验，一方面会同外贸、航运、银行、保险公司等部门，举办货运安全展览，宣传货运安全，教育群众。

乌鲁木齐关主要监管输往苏联、蒙古的货物。1959 年，该关检查揭发货运事故共 1436 起，创历年之最。鉴于事故发生的原因主要是口岸积压和保管不善，该关依靠地方政府部门的支持，协调有关部门，调集运输力量，突击抢运物资，使积压状况有所好转。

青岛海关在监管海运货物工作中，防止进口物质在外轮上漏卸和包装破损情况发生。1963 年，关员通过清舱清出漏卸的小麦、化肥等 1 万多公斤。针对进口化肥在起卸过程中破包多的情况，向港务局提出定钩、定车、定垛的改进建议，改变了破包多的状况，解决长期困扰口岸的难题。

……

1963 年 8 月，海关总署发布《海关货运监管和检查货运事故工作试行规则》，将海关检查货运事故工作，作为保护对外贸易物资和维护对外贸易信誉的一个重要内容。

1969 年 1 月，对外贸易部下达《关于废除海关对国营进出口公司货物的监管手续的通知》，海关放弃对国营公司进出口货运的监管，停止检查揭发货运事故工作。

1972 年初，海关开始恢复对进出境货物的监管。

同年 9 月，对外贸易部召开海运口岸海关货运监管工作经验交流会，贯彻周恩来总理关于解决出口商品质量问题的指示，研究加强进出口货运监管工作措施。各地海关对出口商品进行重点查验，发现品质次劣、包装破损的货物，督促有关单位加工整理后出口，在一定程度上促进了企业的经营管理。

改革开放后，海关监管任务日趋繁重，急需对监管职责进一步明确。1980 年 11 月，海关货运监管工作会议召开，提出加强货运监管工作职能，解除检查货运事故职责。会议认为，海关检查揭发货运事故，对保护国家资产、维护对外贸易信誉、帮助外贸及运输部门改进工作，有一定积极意义，但把它作为海关的一项基本任务，不利于有关部门自主、认真地改善经营管理，并使海关监管注意力分散，混淆合法与非法的界限，削弱海关的监管职能。

1981 年 4 月，根据全国海关关长会议的决定，海关检查货运事故工作宣告结束。

# 从眼看手摸到 H986

海关博物馆的众多藏品中，有一些不太起眼的手工工具，它们是中国海关曾经使用过的查验装备。

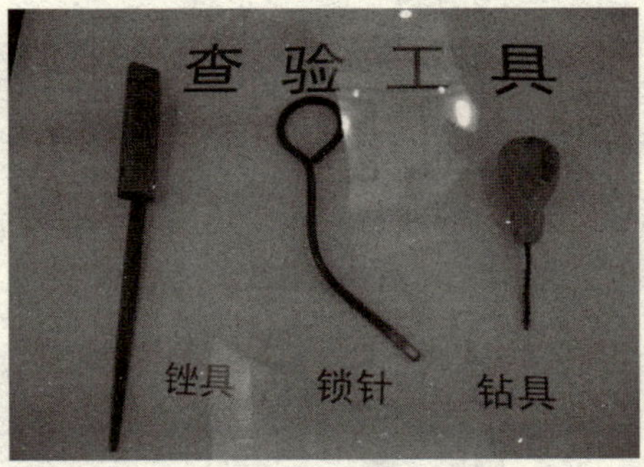

上世纪 50 年代海关自制查验工具

新中国成立后，往来粤港旅客减少，但走私贩私依然严重，旅客行李、邮包夹藏手表等金属物品走私增多。九龙海关组织技术人员，根据军用扫雷器原理，试制简易金属探测仪器，探测金属走私物品，如黄金、白银、武器、手表等，提高了查获率。

1958 年，全国海关关长会议作出《关于开展技术革新运动的决议》、《关于革新检查技术设备和工具的决议》，要求在工作中使用科学技术设备，并提出“实用、简便、安全、省钱”的原则。各关响应号召，发动群众开展技术革新运动，改进现场检查工具。

博物馆中的这些藏品，就是当年技术革新成果，这些工具看上去虽简陋，但实际使用效果显著。1960 年，全国海关关长会议通过《关于继续深入开展技术革新和技术革命运动的决议》，要求加大技术革新力度，在两三年或者更短的时间内，检查工作实现“五化”（手工操作机械化、半机械化、仪器化、半仪器化和药物鉴定化学化）。上海海关成立检查技术研究室，进行科学技术应用。九龙海关研制出密封式输送带，与射线检查机配合使用。此外，九龙海关还进口了一套“PYE”闭路电视系统（由开关切换显示各摄像头图像信号），安装在罗湖旅检现场，用于掌握监管现场的情况。

改革开放后，特别是全国科学大会的召开，对海关查验装备发展产生巨大的推动作用。当年的全国海关关长会议，把加速实现海关检查技术现代化作为加强海关工作的一项重要任务，要求采取提高与普及相结合的方针，对现场小型检查和计税工具进行改革，提高工作效率。

1979年10月，海关总署成立科技处，加强对科技工作的组织领导。这一年，海关总署调配给广州海关一台黑白摄像机，为打击海上走私和货运走私留下影像资料。

1980年2月，经财政部同意，技术设备费由海关总署统一在关务费中开支，从制度上保证技术装备持续、高效发展。

为方便旅客进出境，防范和打击走私违法活动，从1980年6月起，海关陆续引进技术先进、性能稳定、检查速度快的电子扫描检查设备。8月30日，广州海关机场利用电子扫描检查仪，在一旅客行李中首次查获海洛因；之后，又连续查获三宗利用皮箱夹层藏匿海洛因毒品的走私案。

据不完全统计，1980年到1989年，海关使用电子扫描检查设备查获走私物品价值近1.34亿元，其中黄金及其制品15万克，文物、字画1.3万件，货币及有价证券价值人民币1454万元。

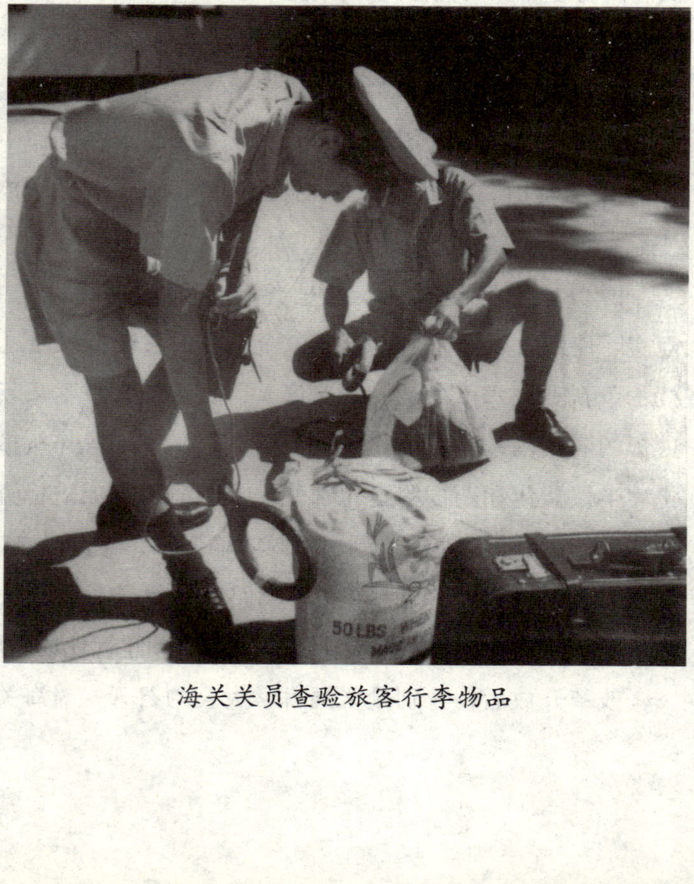

海关关员查验旅客行李物品

到1989年年底，海关技术设备规模从1978年年底的1300台（套），发展到10 028台（套），投资总额3.41亿元，设备种类包含电子计算机、检查、通信、监视、化验等6大类80多种。

眼看、手摸、钎子穿的查验方式成为历史。

随着国家外向型经济的发展，海关引进了两套集装箱货柜车检查系统（H915工程），把最先进的集装箱检查技术应用到海关货运监管现场。这项工程投资大、工期长、技术复杂、专业门类多、涉及面广，集辐射成像技术、检查技术、电子技术、计算机信息处理技术、控制技术和自动化技术于一体，可对集装箱货柜车快速检查。其中，一套从德国引进，安装在深圳文锦渡口岸；另一套从英国引进，安装在深圳皇岗口岸。设备运行后，检查一辆40英尺集装箱车仅需2分半钟，准确率在95%以上。从试运行的1994年6月至1999年6月，两套系统共查车227 872辆，查获走私、违规案件2668起，案值达3.96亿元。

1999年12月5日，天津塘沽新港的盐田上，建起一座像列车检修车间的大型建筑，前后两端被钢制大门封住，随着大门开闭，一辆辆货柜车被吞入，又被吐出。整幢建筑鸦雀无声，仅有的几扇窗子，也被厚实的窗帘遮挡，熟悉这里的人知道，这里是中国海关“H986工程”。

H986是高科技成果，运用H986系统查验，具有高效快速特点。它采用电子加速器产生的高达9兆伏能量的X射线，扫描被检查的车辆、集装箱和货物，能分辨出10厘米钢板后面1毫米粗细的金属丝。其具有分辨率高、图像处理技术先进、操作简便、无放射性残留等特点，用于集装箱检查，能够将检查时间从人工开箱约4个小时缩短到2~3分钟，能发现暗藏于集装箱箱体或货物中的违禁物品。

这是由清华同方集团开发生产、具有全部自主知识产权、居世界领先水平的同方威视FG9056集装箱检查系统，在天津东港海关投入试运行的，是第一套示范工程，按照项目立项时间，被命名为H986工程。

此后，清华同方集团根据各口岸海关的不同需要，研制开发组合移动式、车载式及火车检查系统，在全国20余个口岸海关陆续投入使用，取得良好效益。

货运车辆接受 X 光检查

至 2007 年 9 月，这个系统共查验进出口集装箱 / 货柜车 / 火车车厢 574.39 万个，查获走私违规案件 37 343 宗，总案值 62.64 亿元。突出案例有：厦门海关东渡系统，查获奔驰轿车、集装箱拖头等案件；青岛海关大港系统，一次查获走私象牙 2600 千克；乌鲁木齐海关霍尔果斯系统，查获羚羊角 300 千克；黄埔海关的双视角系统，查获冰毒 14 千克。

简陋的查验工具，已成为时代的记忆，保留在海关博物馆里，供后人“怀旧”。

# 恢复海关统计

这是一张普通报关单，放行时间为2004年11月19日晨9:38分，货物是“神华动力煤”，申报单位是神华煤炭运销公司，数量1.6万吨，价值89万美元，出口目的地——韩国。

为什么要展出这张报关单呢？这是因为它背后有一个非同寻常的故事。

周恩来题写的“海关统计”

2004年11月20日，一大早，天津新港海关接单处女关员杨卉像往常一样，端坐在电脑前，屏幕上的数字，随着键盘的敲击，浪花般跳跃着、流淌着。

这时，处长向她走来对她说：杨卉，你昨天经办的“神华动力煤”单子，被总署统计司确认为中国进出口货值突破1万亿美元的标志，这份报关单将被中国海关博物馆收藏，作为中国外贸历史性突破的见证。

杨卉激动万分，她在一篇文章中深情地写到：那一下轻轻的ENTER，就让我与共和国的腾飞，不经意间联系在一起。

在一个个喜人的数字后面，有许多像杨卉这样的一线关员，在默默的奉献。

海关中有数量众多的关员，每天都和数字打交道，上至海关总署，下至隶属海关，都有专门人员与数字打交道，这就是海关贸易统计。

说起海关统计，历史久远。早在晚清时期，中国海关已系统、完整地建立了统计机构——海关总税务司署上海造册处，从世界名校延聘人才，开展富有创新的贸易统计工作，编制印刷了一批贸易报告。1931年，还花重金从

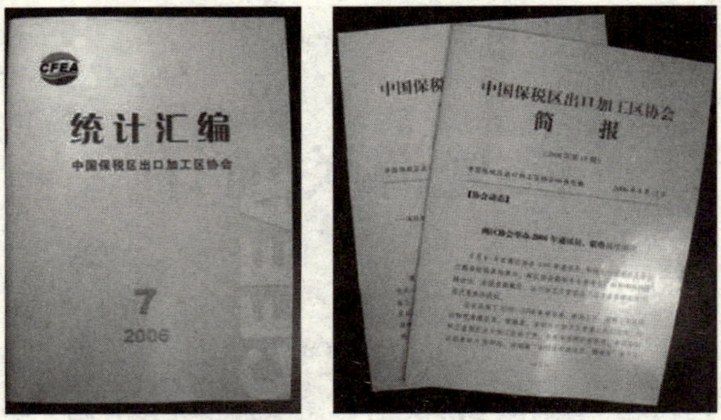


中国保税区出口加工区协会2006年编印的《统计汇编》、简报

国外引进国内第一套、当时世界上最尖端的统计机器。海关总署成立时，编制240人，却设立了74人的统计处，处长由原旧海关中的地下党员、九龙关起义的组织者之一林大琪担任，可见国家对海关统计的重视。1950年，政务院总理周恩来还为《海关统计》题写刊名。

新中国海关统计工作历经坎坷。

1956年，海关总署制定《中华人民共和国对外贸易海关统计制度》，经国家统计局批准实施。从此，海关统计工作走上制度化轨道。

这期间，海关统计成为我国唯一对外贸易进出口数据，为国民经济的发展、规划，提供全面、及时的统计资料。

社会主义改造完成后，对外贸易由公私兼营转变为由国营外贸公司垄断经营，实行中央指令性外贸计划。由于西方国家的经济封锁，我国对外贸易国别单一、贸易量萎缩。国家依据外贸部门编制的业务统计制定对外贸易政策，海关统计作用降低，海关统计月报表和季报表相继停编，只保留年报表及年刊提供给政府部门，作为编制长远规划和科学研究的资料。

“文革”爆发后，在“统计无用论”的影响下，国家统计局被撤销，海关统计亦不能幸免。1967年9月9日，对外贸易部决定停止编制对外贸易海关统计，海关统计工作停止。

1979年5月，海关管理局成立“恢复海关统计筹备小组”。同年11月，全国海关征税、统计、货管工作专业会议通过《中华人民共和国海关统计制度》

及其实施细则，由对外贸易部和国家统计局联合颁布，自1980年1月1日起执行。中断13年的海关统计工作全面恢复，“实事求是、科学实用、准确及时、简明完整”是其工作方针。

1981年，经国务院批准，中国对外公布的进出口贸易使用海关统计数据。自此，国家统计局发表的中国国民经济和社会发展年度统计公报，对外贸易进出口的部分，均使用海关统计资料。同年起，海关统计作为中国对外贸易进出口统计资料，定期向国际货币基金组织提供。1982年，中国《海关统计季刊》中、英文版作为政府部门的公开刊物，在国内外发行。

1984年，新修订的《海关统计制度》颁布实施，海关总署每月编写全国进出口动态的《海关简报》，报送国务院及有关主管部门。同年起，定期向联合国统计局报送海关统计资料。

1986年，海关总署设立综合统计司，指导全国海关统计工作。次年1月22日，《中华人民共和国海关法》颁布实施，新《海关法》将编制海关统计列为海关四项基本职能之一。海关总署从这一年起，通过中央电视台，每月向全国发布外贸统计月度快讯。1990年和1993年，《中国海关统计年鉴》和《中国海关统计月刊》，先后在国内外出版发行。

电子计算器

# 致李先念副总理的一封信

1978年1月的上海，春潮涌动，乍暖还寒。一封寄给华（国锋）主席、李（先念）副总理的信，从这里发出。信件由时任上海海关办公室副主任杜圣余起草，聂靖华、徐宪跃、顾振兴等九位同志署名，向党中央建议改革海关管理体制、恢复征收关税。不久，这封信摆到李先念同志的案头。

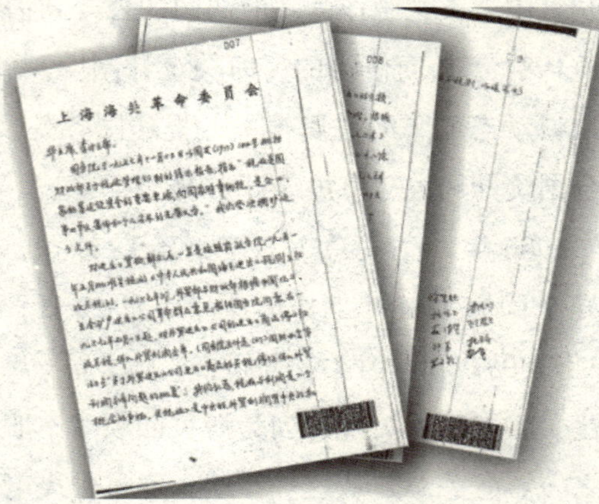
上海海关革命委员会

上海海关关员写给李先念同志的信

这封信开门见山地提出：税收是国家积累建设资金的重要来源，向国家照章纳税，是企业、事业单位、集体和个人应尽的光荣义务。信中还简要回顾了新中国成立后，海关依照《关税条例》依法征收关税的历程，以及“文革”期间进出口公司停缴关税，并入外贸企业利润上交国库存在的种种弊端，恳切地向中央建议，尽快停止“以利代税”做法，恢复海关对外贸企业进出口货物单独计征关税，同时，修订1951年颁行的海关税则。

国务院常务副总理李先念对此很重视，专门批示。消息传来，全国海关为之一振。各关积极开展人员培训、机构筹备，为恢复征税做好准备。

1979年8月，财政部、国家计委、外贸部联合向国务院提交报告，要求恢复关税单独计征，并修订关税税则和征税条例。同年12月12日，经国务院决定，1980年1月1日起，恢复单独计征关税。

1980年2月9日，国务院发布的《关于改革海关管理体制的决定》中规定：

关税收入统一归中央；关税应单独计征，与外贸利润分开交库；关税的征收和减免（包括临时减免），由海关总署会同财政部制定办法，经国务院批准执行；关税减免的报批手续由海关总署统一办理。

从此，中国海关及关税征收工作，步入稳健发展之路。

30多年来，海关税收总额每十年上一个台阶，实现跨越式发展：

1980年，税收31.8亿元；

1990年，税收283亿元；

2000年，税收2242亿元；

2010年10月，海关税收超万亿，实现历史性突破；

2011年，关税征收又一次刷新纪录，达到16 142亿元，占同期中央财政收入的31.5%。

30多年来，海关税收在增强国家财力的同时，还成为促进国家经济发展的重要调控手段。从1992年我国第一次自主降税至今，关税总水平从1991年的44.05%降至2010年的9.8%，降税幅度达77.85%。与此相对应，进出口总值由1992年的1656.1亿美元增长到2009年的2.2万亿美元，涨幅达12倍以上。同时，根据经济社会发展的不同要求，分别制定并适时调整针对外资、经济特区和开放城市、重点项目、重点产业关键技术的进口税收政策。通过税收调控，我国纺织、轻工等传统产业技术和产品得到更新换代，造船、铁路、重型机械等重大技术装备制造业缩短了与国际先进水平的差距。

2001年11月10日，在多哈召开的世界贸易组织（WTO）第四届部长级会议，通过中国加入世界贸易组织的法律文件，标志着我国成为世界贸易组织新成员。世界贸易组织的规则，对中国海关在法律、法规制定，执行程序和税收征管方式等，也产生了历史性影响。

30多年来，海关坚持依法征管、依率计征、严肃退补、及时入库，确保税收应收尽收，关税收征管能力和水平不断提高。

保税制度是我国关税制度的重要内容。改革开放以来，海关积极探索保税监管制度，在内容和形式上不断丰富完善，成为我国发展对外经贸往来、吸引外资的一项重要措施。截至 2009 年，我国加工贸易企业达到 12.6 万家。国务院先后批准设立 99 个海关特殊监管区域，海关批准设立 26 个保税物流中心、724 个保税仓库、119 个出口监管仓库。

党的十七大以来，随着自由贸易区战略的实施，我国初步构建了周边自由贸易平台和全球自由贸易网点。目前，已与 31 个自由贸易伙伴建立 10 个自由贸易区，相关贸易额占年度贸易比重近 1/3。我国率先对最不发达国家实施零关税，2001 年起，给予 41 个最不发达国家 1000 个左右税目商品零关税待遇，使这些国家的商品以零关税进入中国市场，既给最不发达国家的人民带来实惠，也降低了我国企业进口成本。

一封普通的关员来信，也是中国走向贸易大国的见证。

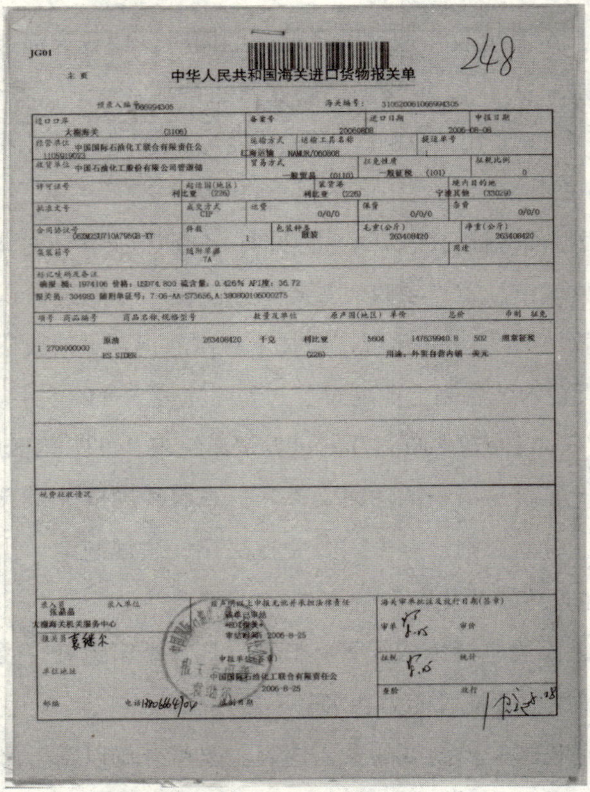
JG01

中华人民共和国海关进口货物报关单

海关编号：310520061066994305

大榭海关 (3106)

20060808 2006-08-08

中国国际石油化工联合有限责任公

1105919023

中国石油化工股份有限公司管道储

一般贸易 (0110) 一般征税 (101) 0

利比亚 (226) 利比亚 (226) 宁波其他 (33029)

CIF 0/0/0 0/0/0 0/0/0

06ZM23J710A796GB-XY 1 散装 263408420 263408420

7A

USD74.800 API度：36.72

报关员：304983 随附单证号：7:06-AA-573656,A:380800106000275

1 2700000000 原油 263408420 千克 利比亚 5604 147639940.8 502 照章征税

ES SIDER (226) 用途：外贸自营内销 美元

大榭海关机关服务中心

2006-8-25

中国国际石油化工联合有限责任公

2006-8-25

单票征税达 2 亿元的原油进口报关单

# 促进“新型贸易”

1976年，“文革”结束，但“左”的桎梏仍然束缚着人们的思想，经济发展举步维艰。

当时，与广东省一河之隔的香港，加工工业非常发达，厂家接受来自世界各地的加工订单，应接不暇。香港的加工工业给经济和社会带来极大的繁荣，而广东的农村却非常落后，农民只能死守着几分土地，一天劳动收入仅几角钱，难以维持温饱。

人们在思考、在探索：如果同香港合作搞来料加工，利用内地丰富的劳动力，把香港的加工订单接过来，既可以增加农民收入，又可以为国家创造外汇，这不是一件利国利民的好事吗！

时不我待，说干就干！

1978年8月，广东省签订第一份毛纺织品的来料加工协议，在珠海创办国内第一家加工贸易企业——珠海县香洲毛纺厂。这种做法与传统的贸易方式显然不同，该怎么称呼？人们给了它一个新名称，叫“新型贸易”。

同年底，党的十一届三中全会胜利召开，确立“对内搞活经济、对外改革开放”的方针，神州大地开始劲吹改革春风！

1979年，国家有关部门颁发《以进养出试行办法》和《开展对外加工装配和中小型补偿贸易办法》，从政策和法规上确认了这种新的贸易方式。

中国对外经济交往的大门一开，立刻吸引了世界的目光。海外侨胞回来了！港澳同胞过来了！他们出于对家乡的热爱，把“三来一补”业务带回来，希望与家乡人民合作，互惠互利。外国商人也来了！由于市场机制的驱动，他们踏上中国这块热土，寻求新的合作和发展机会。从此，加工贸易犹如星星之火，迅速在祖国大地呈燎原之势。它最早是在广东，然后是福建，最后，辐射至全国各地。

加工贸易起步之初，商人们尝试着兴办服装与塑胶来料加工企业，后又逐渐拓展到玩具、电器等行业。凭借毗邻香港的地缘优势，广东珠江三角洲的来料加工发展最为迅速，很快与香港形成“前店后厂”格局。

“新型贸易”发展迅速，但在监管上尚无前例，海关怎么办？海关总署的思路十分明确：一要积极地给予鼓励、扶持和促进；二要“摸着石头过河”，探索监管新模式。

海关总署专门成立“新型贸易”管理部门，指导全国海关的监管工作，对“三来一补”货物的进出境进行监管。企业对报关业务不熟悉，海关加强宣传与培训，帮助企业建立起报关员队伍。一些企业对“来料养殖”所定税收反应强烈，海关听取其合理诉求，予以调整。在国家鼓励政策和海关的支持帮助下，加工贸易从无到有，从弱到强，到1988年，全国加工贸易进出口总值就达到287亿美元，比1980年增长17.3倍！

1989年，国家陆续实施鼓励“大进大出、两头在外”的政策措施后，各地大量设立各类海关特殊监管区域，加工贸易呈现高速发展态势。到1995年，加工贸易进出口总值占全国进出口总值的47%，开始与传统贸易并驾齐驱。这一时期，海关加强通关改革，推广“集中报关”办法，即允许企业先通关，事后凭报关清单每月集中报关一次。此举加快了进出口通关速度，为企业节省大量报关费用。

2006年出版的《加工贸易政策法规汇编》

从1996年开始，国家对加工贸易的政策从鼓励转向强化监管，加工贸易银行保证金台账制度、加工贸易企业分类管理制度、加工贸易商品分类制度等，逐步建立和健全，加工贸易开始走上规范管理、持续健康发展的道路。1999年，海关实行企业分类管理，对管理规范的加工贸易企业予以通关便利。由于采取各种强有力措施，加工贸易企业稳定发展。

海关监管保税仓库

进入21世纪后，中央提出“引导加工贸易向产业链高端发展”和“引导加工贸易转型升级”，使加工贸易发展有了明确思路和方向。面对新的形势，海关又适时推行“联网监管”模式，实现海关对加工贸易进口保税货物的全程有效监管，并拉开促进加工贸易企业转型升级的序幕。可以说，海关的优质监管和服务，有如春风化雨，推动加工贸易企业“量质并举”，在竞争中掌握主动权，赢得先机。

2008年秋季，国际金融危机如惊涛骇浪般袭来，众多加工贸易企业陷入订单减少和资金紧张的困局。海关总署急企业之所急，出台“关于支持扩大内需促进经济发展十项措施”，优化加工贸易企业风险担保制度、优化海关监管模式、支持转型升级、方便企业开展内销业务等举措，恰似雪中送炭，帮助企业降低通关成本，提高通关效率，渡过难关。

2010年，“新型贸易”给全国人民交出一份靓丽答卷:中国已经发展成“世界加工厂”，其规模包括12.6万家加工贸易企业、99个海关特殊监管区、24个保税物流中心、729个保税仓库、116个出口监管仓库。是年，保税项下进出口达16 653.8亿美元，占全国外贸进出口总值的56%，其中加工贸易进出口11 577亿美元，占全国外贸进出口总值的38.9%。“世界加工厂”直接解决了4000万人员的就业。

# 打造“通关高速公路”

2011 年 4 月 7 日，浙江省成套设备进出口有限公司向嘉兴海关赠送了一面锦旗，上书“热情高效，服务企业”。在此之前，该公司进口货物要到其他海关办理转关手续，物流成本居高不下，通关一直是他们的“烦心事”。后来，海关进行通关改革，实行“属地申报、口岸验放”的通关模式，办理通关手续从数十个小时减少到一个多小时，使企业通关成本降低 1/3 以上，为此，该公司向海关送锦旗，表达谢意。

这种情形，在全国各海关时常见到。

为企业进出口打造一条“通关高速公路”，一直是海关的梦想，海关为此付出了几十年的努力。

1978 年，我国开始实行改革开放政策，进出口总额为 206 亿美元。十年后的 1988 年，进出口总额突破千亿大关，达到 1027.9 亿美元。

外贸以一日千里的速度发展，管理却处于相对滞后的局面。海关货物监管工作，面临严峻挑战！此时的海关处在一个“两难”的境地：监督管理过严，手续繁多，货物通关速度低下，口岸堵塞，企业有意见；追求速度，放松监管，又会加大走私风险，损害国家利益。

通过多年实践，海关认识到，像过去那样靠拼人力、拼设备实施监管，不能从根本上解决问题，必须改革制度，解决严密监管与通关速度的矛盾。

哪个环节问题最大，就从哪里进行改革。

文锦渡口岸是当时全国最大的公路货运口岸，改革开放前曾出现过货物肩挑手提、牲口靠人工驱赶过境的“奇观”。1979 年，文锦渡口岸重新通车后，货运量大幅度提高，一度占全国汽车货运总数的 70% 以上。20 世纪 80 年代中期，文锦渡口岸开始出现严重堵塞，通关能力达到极限。

海关总署下达的改革方案是：改革作业环节，减少企业报关手续，减少汽车在口岸停留时间。1984年开始实行预申报的办法，特区企业进货前两天，能够提供汽车号码和货物清单的，可以提前报关，货物实际进口时，海关核对报关单后直接放行。1986年开始，对部分进出口车辆采用加封监管的方式，分流到口岸外指定场所办理通关手续。1988年，又实施“先凭清单验放，定期集中报关”的做法。

这些措施均取得预期效果，缓解了口岸通关压力。试验成功后，在各地推广。

在陆路通关改革的同时，海关又在全国最大的海运港口——上海港实行海运监管改革，破除“驻船监管”的旧模式，对国际船舶实行重点监管和巡视监管相结合，海关不再登轮细查细验，由船方或代理人到海关办理手续。对轮船上下人员和起卸货物，海关进行重点抽查。繁琐手续废除后，货物海运的通关速度明显加快，受到国内外企业好评。

此时，内陆的企业仍然面临困境：大量货物从沿海口岸进出境，办理相关手续时，必须在内陆、沿海两个海关两次报关，接受两次查验，费时费力！

海关总署决定打破传统的通关模式，把全国海关作为一个整体，跨关区

黄埔海关打造汽车出口便捷通关的“阳光通道”。

合作，实现监管一体化。这一做法称之为"全国快速通关体系"，这是一个更高、更远的目标，难度也更大。

2001年，海关总署选择在货运量较大的长江水域、珠江水域和广东陆路，以及上海、江苏陆路进行快速通关改革，号称"两水两路"通关改革。其做法是:沿海口岸快速通过，内地海关快速验放，减少办理申报、重复查验等繁琐手续，实现转关运输"一次申报、一次查验、一次放行"的模式。内陆企业货物通关的最大问题迎刃而解。2005年，海关总署继续推出改革"组合拳"，在11个海关进行"区域通关改革"试点。它与"两水两路"改革异曲同工，目标是实现进出口货物跨关区"属地申报、口岸验放"的通关模式。经过一年多的试点后，2006年7月在全国海关推行。自此，内陆企业往返于口岸海关和当地海关之间的次数减少，重复报关、重复收费的现象消失，"中国制造"的国际竞争力增强，海关的监管也更加有效。

扶持外贸出口始终是海关的一项重要任务。全球金融风暴后，企业出口遭遇寒流，2009年海关总署推出出口货物"分类通关"改革，综合货物和企业信息，对出口货物实施"红绿通道"判别，低风险货物的报关单证，由计算机快速审核，自动放行；高风险货物的报关单证，由海关重点审核，货物也将被重点抽查。由于出口货物多为低风险类别，可用最快速度过关出境，进一步降低了贸易成本。同时，企业通关速度平均提升30%。

此外，"电子通关"的建设也在紧锣密鼓地进行，"电子海关"、"电子口岸"初步建成，企业与海关计算机联网报关全面推行；无纸化通关措施全面实施，海关监管迈入"e时代"。过去货物通关用天计算，现在缩短为用分、用秒计算。

# 打击走私狂潮

新中国成立后，长期存在一个没有硝烟的战场，在这个战场上进行的就是走私与反走私的斗争。

受暴利的驱使，不法分子千方百计地钻国家政策与管理上的空子，大肆进行走私活动，先后掀起多次走私狂潮，严重威胁国家的经济建设。

查缉走私是中国海关的重要职责。海关始终站在反走私的第一线，与有关执法部门密切配合，同走私分子进行坚决而顽强的斗争，有的关员还付出宝贵的生命。

新中国成立初期，沿边沿海走私猖獗，尤其是在广东省邻近香港、澳门地区，走私团伙活跃，利用运输货物进出境或出海作业之机，将国内重要物资偷运出境，并走私进口大量洋货。对此，海关加强对港口码头员工和边境渔民的反走私宣传，动员举报走私，同时，联合公安部门，开展专项打击行动。

东北虎虎皮

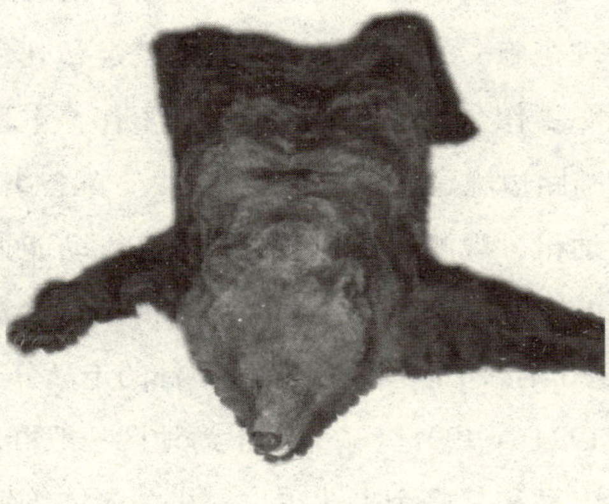

熊皮

20世纪50年代中期起，由于国家加强边境管理和对贸易实行严格管制，边境和货运渠道的走私大幅度减少，走私活动集中在旅客渠道。为将私货携带过关，走私分子用尽各种手段，有的将手表捆绑在身上，有的将小型车刀等小件物品用胶布包好吞到胃中，有的将私货藏匿到罐头里、扁担里……然而，这一切都逃不过海关关员的火眼金睛。海关将边境及海上缉私陆续移交地方后，集中力量在口岸缉私，破获了大量团伙走私。1950～1979年，全国海关查获各类走私案件近60万起，案值人民币1.6亿元。

20世纪80年代初，我国开始进行经济体制改革，处于新旧体制的转换过程中，法制建设和管理均处于滞后状态，给走私活动带来可乘之机。1980年下半年到1981年上半年，广东、福建、浙江三省沿海地区走私活动严重。据有关部门调查，香港专营走私的船只多达1000多艘，我国东南沿海渔船参与走私的则有数千艘，形成一次巨大走私狂潮。走私严重的地区，渔民弃渔，农民废农，工人旷工，学生逃学，竞相参与走私贩私。当时，在一些港口、海滩，运送私货不分昼夜，人头攒动，场面十分惊人。走私的物品主要有电子表、收录机、尼龙布等，走私出口有黄金、银元、文物等。在沿海地区还出现公开的私货集市，内地商业单位和私人大批购买，运销全国。

在此形势下，国务院、中央军委于1981年发出《关于坚决打击走私活动的指示》，国务院先后五次召开东南沿海打击走私工作会议，实施一系列综合治理措施。海关总署及时将查禁走私列为海关工作重点，三次召开全国海关查私工作会议，恢复海上缉私工作，重建海上缉私舰队。同时，在走私严重的陆路边境建立海关陆上缉私队，配备缉私专用船艇、车辆、武器、警械，以及通讯、观测装备，形成一支有机动能力的打击走私力量，加强沿海沿边地区的缉私工作。这一阶段，全国海关每年查获走私案件的案值为1亿元左右，从1980年到1983年，424起案件的走私分子被追究刑事责任。

1984～1991年，东南沿海地区一般群众的走私显著减少，内外勾结的集团性走私和某些企事业单位、机关团体等法人走私明显上升。由于法人经济实力雄厚，走私规模大，动辄几千万元甚至上亿元，对国家危害严重。重大走私集中于海上渠道和进出口货运渠道，走私物品种类多样，包括汽车、家用电器、香烟、旧服装、毒品和淫秽物品等。走私作案手段诡秘狡诈，使用高速摩托艇装载私货；在货运渠道，走私分子伪造各种证件、单据、图章，蒙骗海关的伎俩层出不穷。

针对走私形势的发展变化，海关将缉私重点从非贸易渠道转向货运渠道。口岸海关加强对通关货物查验，内地海关从社会缉私转向监管场所查私，把走私集团和企事业、机关团体的走私犯罪活动列为重点缉私目标。同时，根据走私物品变化，开展查处带有趋向性的大宗私货和违禁品的专项斗争。海关总署和各地海关建立专门的缉私调查机构，多渠道、多层次开展反走私情报工作。据统计，1984 ~ 1991 年，全国海关查获走私案件 12.9 万起，案值 37.3 亿元，其中法人走私案件 9059 起，案值 21.9 亿元，占总案值的 59%。

1992 ~ 1998 年，走私活动出现新的趋势：一些地方政府参与走私活动，案值巨大。1992 年下半年，山东威海一带海域爆发海上走私汽车狂潮，并迅速向南北相邻省市蔓延。1996 年起，一些党委、政府、政法等部门的经商企业，也参与走私活动。

震惊中外的广东湛江“9898”案、福建厦门“4.20”案，两案偷逃应缴税额分别达 60 多亿元和 300 多亿元。

为此，国务院多次组织开展全国范围的打击走私联合行动，1998 年，做出三项重大决策：改革缉私体制，在海关组建缉私警察，权力部门一律不准经商办企业。全国海关迅速贯彻落实党中央、国务院的重大决策，加强与有关部门协作，开展声势浩大的反走私斗争。先后开展打击汽车、摩托车、成品油、食用油、纺织原材料、化工原材料、移动通讯设备走私等专项斗争，并将反走私与反腐败斗争紧密结合，重点打击内外勾结的集团性走私犯罪，查处一批走私腐败的特大案件，一批走私分子和腐败分子受到法律严惩，大规模走私势头得到有效遏制。1996 ~ 1998 年，海关连续 3 年每年查获走私案件案值超过 100 亿。其中，1998 年查获走私案件案值达 154 亿元，为新中国成立后最多的一年。

1999～2010年，法人走私的猖獗势头被遏制，但随着形势的发展变化，走私形势依然严峻。在货运渠道，一般贸易价格瞒骗成为走私分子采用的主要手法，并逐渐发展成行业性集体瞒骗价格的态势，同时，骗取出口退税违法犯罪活动也比较猖獗；加工贸易走私以擅自倒卖进口原料、机械设备和擅自内销产品为主；在旅检渠道，走私货币和毒品突出，尤其是外籍旅客走私毒品案件大幅度增加；在非设关地区，尤其是广东、广西、福建等地的沿海地区，走私团伙为逃避海关查缉，雇人望风，甚至暴力抗拒缉私。

为加强缉私工作，海关于1999年组建海关缉私警察队伍，42个直属海关相继成立走私犯罪侦查分局，综合运用刑事和行政执法手段打击走私。海关缉私警察组建后，推进反走私综合治理，打击重点地区、重点渠道、重点商品的走私犯罪活动，有效遏制了大规模走私势头。

海关查获的走私进口洋垃圾

为遏制走私分子利用“三假”（即假手册、假单证、假印章）走私，2001年，海关与外汇、银行等部门建立电子底账核查系统，提高案件查获率，使该类案件大幅度减少。此外，各海关根据走私情况变化，组织各种专项缉私行动，如2008年组织为期5个月的打击粮食、化肥、钢材、镁砂、稀土等出口走私违法活动的专项行动，查获案件1529起，案值33.94亿元。据统计，1999～2010年中，全国海关共查获走私案件13.6万起，案值1310.5亿元。

在查缉行动中，有多名缉私警察因公牺牲。

由于坚决贯彻落实反走私工作的各项部署，始终保持打击走私的高压态势，坚决维护国家利益，海关缉私工作赢得了党中央、国务院和广大人民群众的肯定。

# 从人民关警队到缉私警察

1998 年全国打私工作会议上，党中央、国务院作出改革缉私体制，组建海关缉私警察的重大决策。次年 1 月起，中国海关建制序列里，出现了一支武装力量——缉私警察。从此，无论是劈波斩浪的缉私舰艇上，还是山高林密、白雪皑皑的边关，缉私警察的身影与国门同在。

新中国成立之初，华南边境未实行严格的边境管理，人员自由进出，旅客走私严重。仅拱北海关辖区与澳门交界的关闸支关，每天有 1000 辆自行车载货走私，每辆自行车一天往返五六次。广（州）深（圳）铁路每日走私人员更是万人以上。港英、葡澳当局也纵容和保护走私集团，走私船从澳门海域进入内地领海时，葡方军舰跟在后面“放哨、助阵”，一旦发现海关缉私艇，葡舰就干扰阻挠。

新中国海关加强武装缉私力量，打击各类走私活动。1950 年 3 月 29 日，海关总署报请政务院批准，在原关警队基础上，统一名称、编制、任务、服装，查私武装一律称中华人民共和国海关人民关警队，简称人民关警队，任务是查私、押运、看守私货关产及警卫工作。

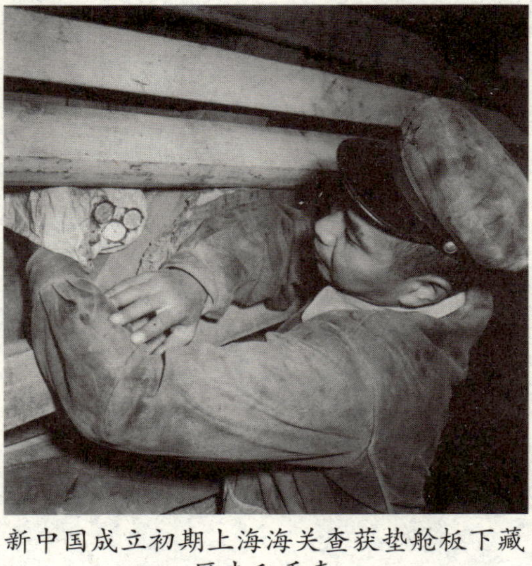

新中国成立初期上海海关查获垫舱板下藏匿走私手表

人民关警队成立初期，有 1100 多人，分布全国 18 个海关，其中九龙关人数最多。1950 年年初，九龙海关重新组建关警队。队员由四部分人组成：一是原九龙关关警队部分队员，二是华南海关处分配来的东江公学学员，三是从江南税局抽调来的部分人员，四是东江专署革命学校分配来的部分学员。1950 年年底，九龙海关关警队发展至 322 人，按部队编制设连、排、班，全队配备枪支 346 支（挺），其中重、轻机枪 2 挺，步枪 329 支，手枪 2 支，信号枪 13 支。

新中国成立初期的深圳，虽然只是一个小镇，却是连接香港的重要通道。九龙关下辖三门、南澳、沙头角、莲塘、文锦渡、深圳车站、蛇口等 13 个支关，缉私工作由九龙海关人民关警队负责。

蛇口支关距离深圳较远，交通不便，除老码头附近的小渔村和少量渔民居住点外，周围都是光秃秃的荒滩野岭。队员们住在一幢破旧小楼，夏天蚊虫肆虐，冬天海风凛冽。远离集市，没有蔬菜，队员们自己动手种菜，甚至和渔民一起到海里捕鱼，改善生活。

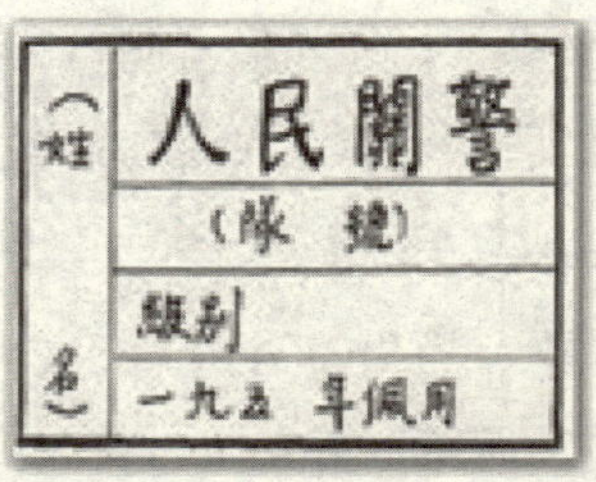

20 世纪 50 年代初北海海关关警队合影

大鹏湾深处的三门岛支关也很艰苦，靠近海滩的淡水井常常被台风掀起的巨浪吞没，队员们要经常强咽下苦涩的“淡水”。

根据政务院《关于关税政策和海关工作的决定》，1952 年前后，海关将巡卫国境海岸任务及武装舰艇移交公安部。各口岸缉私工作仍由海关承担，人民关警队开始承担警卫、守护、抄船等工作。

1952 年，海关总署查私处负责的关警管理工作移交总署人事处，关警队的职责向安全保卫转变，人员编制逐渐萎缩。

1953年起，国家实施第一个五年计划，走私活动处于低潮。两年后，关警队编制陆续撤销。从此，关警队淡出历史。

改革开放初期，新旧体制转换，法制建设与管理滞后，给走私活动带来可乘之机，20世纪80年代初和90年代中期，发生两次走私高潮。1998年7月，中共中央、国务院召开全国打击走私工作会议，作出一系列重大决策：军队、武警和政法机关，停止经商和办企业；改革缉私体制，组建海关缉私警察，实行"联合缉私、统一处理、综合治理"。将反走私与反腐败斗争紧密结合，重点打击内外勾结的集团性走私犯罪，投入大量人力，查处湛江、厦门等一批走私大案，一批走私分子和腐败分子受到法律严惩，大规模走私势头得到有效遏制。

1998年7月9日，国务院批准《缉私警察队伍设置方案》，由海关总署、公安部组织实施。

1998年12月7日，根据《国务院关于缉私警察队伍设置方案的批复》和《国务院办公厅关于组建缉私警察队伍实施方案的复函》，海关总署制订《缉私警察机构设置及编制方案》，决定在广东分署和北京、天津、大连、长春、哈尔滨、上海、南京、杭州、福州、厦门、青岛、武汉、郑州、长沙、广州、深圳、拱北、汕头、海口、南宁、重庆、昆明、拉萨、乌鲁木齐等海关，设副局级走私犯罪侦查分局；黄埔、江门、湛江、宁波、太原、石家庄、满洲里、呼和浩特、沈阳、合肥、南昌、成都、贵阳、西安、兰州、西宁、银川等海关，设正处级走私犯罪侦查分局。

1999年1月5日，北京建国门内大街6号海关总署大楼前，彩旗飞舞，门柱两边各有一个牌匾披红挂彩。这里正在举行海关总署走私犯罪侦查局、北京海关走私犯罪侦查分局成立暨首次授予警衔仪式。时任中共中央政治局委员、国务委员、中央政法委书记罗干和中央政治局候补委员、国务委员吴仪参加仪式并为两个新成立的机构揭牌。

1999年9月27日，太原海关走私犯罪侦查分局正式成立，至此，全国海关42个侦查分局的组建工作全部完成。

2002年12月13日，为发挥海关打击走私的整体效能，经国务院批准，从2003年1月1日起，各直属海关走私犯罪侦查部门统一更名为海关缉私局。

海关缉私警察与关警队相比，在缉私体制、人员编制、装备水平上，都有很大的变化。缉私装备从长枪短炮、机帆船，变成各种吨位的现代化缉私艇，还装备了卫星通讯网络，实现了“耳聪目明、臂长腿快”。

从2002年起，海关缉私警察还承担起国际维和的任务，先后有6人8次走出国门，成为光荣的联合国维和警察。

# “海关 902”缉私艇与邓公南巡讲话

海关博物馆收藏的各类文物中，最大藏品当属长 58.5 米、宽 7.8 米、总排水量 400 吨的“海关 902”缉私艇。

“902”缉私艇退役前，配属拱北海关。

1989 年 7 月 20 日，这艘我国自行设计的缉私艇在拱北海关投入使用，配备先进的卫星定位、雷达导航跟踪搜索系统及 H966 通讯系统，是当时国内最先进的缉私艇。

18 年中，“902”艇航程 28 万海里，为打击海上走私立下赫赫战功，先后查获海上走私案件 900 多起，案值 3.4 亿元，是其造价的 12 倍；18 年中，“902”艇艇员先后有 46 人次立功、获奖，1996 年、1997 年连续两年单艇缉私成绩在全国海关名列第一，2002 年被海关总署授予集体三等功。

1992 年 1 月 23 日邓小平同志在“海关 902”艇上合影

“902”艇会客厅的一张珍贵照片，被全艇关员视若珍宝。这张照片见证了“902”艇一段引以为豪的经历。她是“902”艇的骄傲，也是中国海关的骄傲。

一艘栉风沐雨的“902”艇，因为一位世纪老人，因为一个南巡讲话，融进中华民族伟大复兴史诗中。

1992年1月23日凌晨6时，“902”艇从珠海九洲码头起航，8时抵达深圳蛇口码头。9时25分，小平同志在广东省委书记谢非等人陪同下，与在码头迎接的珠海市委书记、市长梁广大，拱北海关关长刘浩和副关长黄增泰等人一一握手后，健步登上“902”艇。随艇采访人员只有中央新闻电影制片厂和南方日报社记者。拱北海关的吴兵是唯一海关摄影师，广为流传的邓小平发表南巡讲话照片，即出自他手。

为了出色地完成这次拍摄任务，他一次又一次突破警卫“封锁线”，时而猫着腰，时而脱下鞋子站到椅子上，贴近小平同志拍摄，记录了一个又一个珍贵的历史瞬间。

那天，晴空万里，风平浪静。关长叮嘱船员们悉心操作，降低主机噪音，以免影响小平同志的谈兴。

负责驾驶的老船长冼耀辉，有几十年的航海经验，为了保障接送小平同志的航行安全，拱北海关特意把他请回“902”艇，老人回忆说：“航程中，我都在指挥舱里，隔着玻璃看到小平同志，心里一样激动！”

“902”艇仿佛也理解这一切，平稳地行驶在辽阔无垠的伶仃洋上。

休息片刻，小平同志手扶眼镜，望着摊开的地图，听取谢非同志对广东情况汇报后，即席作出重要讲话。

1992年的中国，处于改革开放的重要关口。姓资还是姓社，争论不休，更有甚者，有人认为经济特区是走资本主义道路。中国渴望一个答案。1小时45分钟航程，小平同志以无比的睿智、无比的坚定、无比的魄力，为中国的改革开放之路指明前进方向。他那高瞻远瞩、高屋建瓴的真知灼见，至今仍回荡在“902”艇的船舱：

计划多一点，还是市场多一点，不是社会主义与资本主义的本质区别。

计划经济不等于社会主义，资本主义也有计划；市场经济不等于资本主义，社会主义也有市场。计划和经济都是市场手段……

让一部分人先富起来，先富带后富，大家一起共同富……

改革开放胆子要大一些，敢于试验，不能像小脚女人一样。看准了，就大胆地试，大胆地闯……

低速度就等于停步，甚至等于后退。要抓住机会，现在就是好机会。我就担心丧失机会。不抓呀，看到的机会就丢掉了。时间一晃就过去了……

不敢解放思想，不敢放开手脚，结果是丧失时机，犹如逆水行舟，不进则退；

要坚持两手抓，一手抓改革开放，一手抓打击各种犯罪活动。这两手都要硬；

我们改革开放的成功，不是靠本本，而是靠实践，靠实事求是……

航行中，小平同志以最直接、最简练的言语，回答了全国最迫切的追问——发展才是硬道理；以最智慧的方式，放下了暂时还不迫切的纠缠——不要争论。

1992年2月23日，震惊世界的邓小平“南巡讲话”，如石破天惊，似鼓角相闻。“南巡讲话”解决了姓资姓社的问题，明确了改革开放的正确道路，使中国从此走上一条强国富民之路。随着小平同志南方谈话的发表，中国的改革开放和现代化建设，走上新一轮发展的快车道。

共和国不能忘记，历史不能忘记，“海关902”艇在南海波涛上承载了这位世纪伟人的思考和宣言，见证了伟大的历史时刻。

18年中，“902”艇满载着党中央的信任和全国海关的热情，先后迎送中央首长70人次，其中迎送邓小平、江泽民、温家宝、杨尚昆、李鹏、万里、乔石等党和国家领导人45次，为党中央、国务院领导同志视察特区工作、指导改革开放，作出独特的贡献。

2009年11月19日，“902”艇第1012次返航，这也是她最后一次航程。“902”艇退役了，完成了缉私任务，但她的历史使命远远没有结束。她将陈列在海关博物馆，与千千万万的参观者一道，回味一代伟人指引航程的历史瞬间，体验海关人把守国门的钢铁意志，感悟海关与国家主权和民族的历史脉动。

# 中国海关查缉文物走私之路

中华五千年文明史，给后人留下浩如烟海的文化遗存。半殖民地、半封建社会的旧中国，无力抵御西方列强的觊觎与肆意鲸吞，具有重要历史、科学、艺术价值的文物珍品，难逃侵略者的魔爪。

英法联军焚烧圆明园时，掠夺走东汉时期顾恺之的《女史箴图》，现收藏在大英博物馆。

唐太宗珍爱的《昭陵六骏》中的两石，现存美国宾夕法尼亚大学人类与考古博物馆。

圆明园鎏金佛塔，现收藏于法国枫丹白露宫。

出土于湖南省安化、宁乡交界处的虎食人卣，共两件，一件藏于法国巴黎市东方美术馆，一件藏于日本泉屋博物馆。

敦煌文物大量流失散佚于英、法、美、日等国博物馆和研究机构。

百年来，西方列强通过抢劫、盗窃或低价收购等手段，掠夺了数以百万计的中国文物。全世界 47 个国家的 2000 多个博物馆中，存有中国流失文物约 167 万件。有的是战争时期掠夺走的，有的是外国探险家以科学考察的名义窃取的，有的是盗墓贼或文物贩子走私出去的。

1994 年，英国警方破获一起盗窃走私文物案，查扣了 7 个集装箱 6000 件中国文物，代表中国政府索要走私文物的专家们，目睹一英国古董商人家里挂着一张中国地图，全国重要考古发现地点被标注出来，形同“作战地图”。

1999 年，英国警方查扣 9 个集装箱 14 000 多件中国文物，中国文物的专家目睹现场后，无不瞠目结舌：堆满了 3 间房子的文物，可开一个相当规模的博物馆，从文物的年代和空间范围来看，足以举办一个上迄3500多年前的商朝、下至清朝前期的中国历史展览。

新石器时期双耳彩陶罐

清代粉彩云龙纹紫砂壶

明代黄绿釉将军俑

11 世纪观音立像

文物走私已经形成国际化一条龙“经营”模式，从盗掘到走私，直至出现在国外交易市场，几天内就可完成。走私文物主要来源于古遗址、古墓葬盗掘，博物馆中盗窃和古玩市场购买，其中盗掘和文物黑市是最直接的源头，三峡文物 90%是通过盗掘和文物黑市流失的。许多文物出现在国外拍卖名录上时，才被国人知道。

从文物走私的流向看，香港是内地走私文物的主要接收地和中转地。除港澳地区外，走私文物主要流向韩、日、美、英、法等国和中国台湾地区。

1983 年至 1986 年，全国共发生盗窃文物案 125 起，盗走文物 1701 件。被盗的馆藏一级品越来越多，例如西周铜簋、鬲，秦兵马俑坑出土的将军俑头，秦乐府钟，北宋大型素胎观音，都是稀世之宝，有的是国内仅见的孤品。

1998 年 3 月，在美国纽约举办的国际亚洲文化节上，比利时籍的中国文物商吉斯尔·柯罗斯，将一棵精美绝伦的汉代青铜摇钱树以 250 万美元出售给纽约亿万富翁里昂·布雷克，这是有史以来单件售价最高的中国文物。这棵三峡库区出土的摇钱树的面世，令全世界的历史学家、文物工作者唏嘘不已。摇钱树树高 140 厘米，灯枝 50 余个，树枝上挂着一个挨一个的小人像(或铜钱)，每个地方都生满了海蓝色的铜锈，在灯光的照射下，给人以水中圣诞树的感觉，实为国宝。



文物走私的规模越来越大，从个人随身携带少量文物，发展到通过集装箱、邮递快件夹藏大批量多品种走私。打击文物走私是世界性的难题，防止文物流失，海关是最后一关。

1983 年至 1986 年，仅广东省范围内海关便查获走私案件 1293 起，缴获文物 20 500 件。

文物是凝固了的历史，是一个民族的生存和发展的见证。文物是无法再生的文化资源，持续不断的文物流失，严重损害着中华民族的文化遗产。保

天津海关查缉走私文物移交仪式

护文物，就是存续中华民族的血脉，就是维系中华民族的根。新中国成立初期，新政权经济基础薄弱，政治上立足未稳，海关工作中心是把守经济大门和政治保卫。1950年5月24日，政务院颁发《禁止珍贵文物图书出口暂行办法》，规定出口文物限于天津、广州、上海3个海关（后增加北京），文物出口鉴定委员会对出口文物逐件核对、鉴定，对外贸易管理局根据鉴定委员会出具的鉴定证明发给出口许可证，海关、邮局凭证放行。这是新中国颁布的第一部文物方面的法律，也是文物出境审核制度建立的开始。

1982年11月19日，新中国第一部《文物保护法》正式颁布，同年，海关总署、国家文物局联合发布"加强文物出口监管"公告。改革开放后，中国与国外交流日益频繁，绝迹多年的文物走私，又死灰复燃。为更好地保护文化遗产，国家文物、海关等部门密切配合，加大文物走私犯罪的打击力度，破获了一大批文物走私的大案，阻止了大量珍贵文物流失海外。

1990年3月，广州海关查获香港货柜车夹藏文物2217件。据司机交代，曾替香港老板偷运文物出口20次。这是新中国成立以来，广州海关查获走私文物数量最多的一次。

同年10月19日，供奉于拉萨色拉寺、已有1000多年历史的"朗咯宁布"金佛（属于国家一级文物）被盗。此后，金佛如石沉大海，杳无音讯。一年后，拉萨海关专案组发现金佛运到了成都，一印度籍藏族女人巴姆携30万美金入境，准备购买金佛。专案组在成都、拉萨、甘孜同时行动，查获铜佛、古画、旧瓷器等文物190余件，其中国家三级文物89件，"朗咯宁布"却下落不明。专案组在登机前半小时，将巴姆抓捕。同时，广州、成都、云南联合行动，成功抓捕相关涉案人员，终于在成都查获"朗咯宁布"金佛。案件侦破过程中，共查获各类珍贵文物209件，抓捕走私犯罪分子9人，有力地打击了走私分子的嚣张气焰。

1992年5月，天津海关在法籍人员莫丽娅发运的40尺集装箱行李中，查获二级文物23件、三级225件、一般禁止出境文物1650件，共计1898件。

近年来，海关查获的文物走私犯罪案件中，以邮递、旅检和快件渠道案件为主，占案件总数的 80% 以上。

2005 年 6 月，上海海关在对一件由上海寄往美国的 EMS 特快专递进行查验时，发现内藏 5 件国家禁止出境物品。经国土资源部专家鉴定，其中 1 件三趾马完整头骨及下颌骨、1 件犀类完整头骨及下颌骨化石，相当于国家二级文物；1 件偶蹄类头骨及下颌骨化石，相当于国家三级文物，另有一般文物陆龟完整背腹甲化石 1 件和犀类下颌骨化石 1 件。

2008 年 1 月，深圳海关在一批申报为“古玩品”出口的快件中查获国家禁止出境文物 10 件。其中，2 件清代鎏金铜佛坐像、1 件清代鎏金铜大威法金刚舞姿双身像，均为国家三级文物。

新中国成立以来，海关为国家保护了上百万件珍贵文物，扭转了近百年来文物大量流失海外的局面。2003 年至 2008 年，各地海关陆续将之前查扣的大批文物，或是移交给当地文物部门，或是进行公开展览，使更多文物获得专业保护与研究，为公众提供更多参观与学习机会。

2003 年 1 月 14 日下午，厦门海关向福建省文物部门移交查扣没收文物 13 297 件，包括历代钱币、陶瓷、玉器、书画、铜器、古籍、石雕、木雕等。

2003 年 12 月 22 日，天津海关举行仪式，将 1995 年至 2001 年查获的 8691 件走私文物移交给天津市文物局。所移交的文物上迄距今 1.2 亿年的蝗虫化石，下至清朝的佛像、陶瓷、漆木铁器等，数量众多，其中包括二级文物 9 件、三级文物 226 件（套），文化、考古价值巨大。

2005 年 7 月 29 日，大连海关将查获的 6704 件文物移交给辽宁省文物局。这次移交的文物，是大连海关自 1999 年起查获的，主要有瓷器、青铜器、古生物化石、古钱币和邮票、票据等。其中，青瓷印花碗、荷花瓷盆、铜鎏金释迦佛造像等 15 件为三级文物，多件文物为日本侵华罪证，涉及钱币、明信片、邮戳，以及地图、勋章、牌匾等。

# 击沉走私“大飞”

1999年新年伊始，一条“海关首次击沉走私飞艇”的新闻，上了全国各大报纸头条，引起社会各界热议。这是继“9898”湛江走私大案后，国人目光再一次投向暗流汹涌的北部湾。

“走私飞艇”究竟是何物？那次海上缉私战斗中俘获的“走私飞艇”，艇长十几米，宽约三四米，系用强度高、重量轻的复合材料制造，艇尾部安装3台船用挂机，为美国产“水星”牌和日本产“雅玛哈”牌，每台发动机输出250匹马力。这艘摩托艇全速行驶时，时速可达50节以上，相当于陆地每小时90公里的速度。普通摩托艇经这么一改装，变身成为海上狂奔的野马，隔5海里，都能听见它的轰鸣声。用时髦的话说，不是开得太快，而是“飞”得太低。所以，渔民们给它起了个形象的名字——“大飞”。

海关查获的大马力走私快艇

有的“大飞”还装有防弹玻璃和钢制撞角。

当时，海关摩托艇最高时速只有42节，难以追上这样的“大飞”。

那天凌晨6点40分，2艘“大飞”出现在缉私艇雷达显示屏上。这是第五次搜索到它们，前几次，因海关摩托艇航速不够，眼睁睁地看着它们扬长而去。这一次缉私队员唐军和郑永忠改变战术，驾摩托艇半路截击“大飞”。唐军喊话要求对方停船接受检查，“大飞”立即分散逃窜。海关摩托艇咬住其中一艘不放松，这艘“大飞”无路可逃，仗着有防弹驾驶楼，连续5次向海关摩托艇冲撞。经请示指挥部，唐军和郑永忠瞄准“大飞”的发动机部位射击，将其击沉。

时任国务院总理的朱镕基在情况汇报上批示：坚决狙击走私飞艇，连续获胜，对有功人员应予通报嘉奖！

在相当长的一段时期里，走私分子对海关缉私人员要求的停船检查和开枪警告置若罔闻，甚至用鱼叉、鱼炮、铁蒺藜对抗海关查缉。1991年1月，原九龙海关（现深圳海关）廖玉添、古伟红等4名缉私队员驾艇追击走私飞艇时，缉私艇被走私分子拦腰撞断，酿成两人遇难、两人负伤的悲剧。

在与走私分子的生死较量中，中国海关迎难而上，用忠诚和鲜血捍卫国家法律的尊严。

1994年9月23日，福州海关“818”缉私艇查获一艘号称“海上坦克”的走私船。走私船配有先进的通讯、雷达设备，船体、驾驶台由厚钢板造成，不易被海关武器穿透，最为特别的是，船舷上装有156公分长的钢刺151根，抗拒海关缉私艇追缉和缉私队员“跳帮”。

2002年8月31日，广州海关会同有关部门在番禺黄阁镇小虎村某修船厂，查扣一艘全封闭、全自动、高速防弹走私小汽车专用的“铁甲飞艇”，其总马力1200匹以上，最高航速50节（即90公里）；艇前舱上盖采用电控液压装置，向艇两侧对折打开，舱内安装液压升降伸缩铁轨，铁轨升至舱面时，再通过液压装置向前伸出10多米，与岸边相连接，汽车沿路轨直接上下，一次可装载2辆小汽车。舱底两侧各装一6寸手动进水阀，必要时可放水沉艇。船头两侧特制钢尖角，防止缉私队员“跳帮”登船。

2002年10月1日凌晨，湛江海关“863”缉私艇在北部湾海面查获“雷州338”和“雷州339”两艘“大飞”，查扣丰田吉普和奔驰S320小汽车各1辆，总案值超过百万。这两艘走私“大飞”长约13米，均比一般走私“大飞”长2~3米，艇尾分别悬挂6台和7台进口汽油发动机，并安装了专门用于装卸走私汽车的小型液压升降平台。

2000 年番禺海关查获的铁甲飞艇

在打击海上走私过程中，涌现出许多可歌可泣的英雄事迹。

2011 年 1 月 4 日 9 时 40 分，深圳海关缉私局“853”艇冒着 7 级大风，前往大亚湾至大鹏湾海域执行任务。1 月 5 日夜，艇员张宝威在跳帮时，被走私船甩到海里，壮烈牺牲。

张宝威是缉私人员中的普通一员，也是他们中的杰出代表。张宝威牺牲后，先后被追授“革命烈士”、“全国海关系统先进工作者”、“全国海关优秀共产党员”等荣誉称号。

# 禁毒第二战场

海关博物馆藏品中有一张褪色的照片，照片中的关员穿着1985式米黄色制服，背景是中英文“缉毒训练班”字样。这是1984年6月，海关总署在联合国缉毒署帮助下，特邀美国海关在中国举办的第一期缉毒培训班时留下的合影，它见证了中国海关在改革开放后，与国际组织开展缉毒方面的首次合作。前排的几位外国人，是美国缉毒署派出的教官与翻译，学员来自海关总署机关，各直属海关调查系统、旅检系统，还有一位来自公安部。

中国海关缉毒工作历史悠久。第二次鸦片战争后，西方列强强迫清政府开放鸦片进口，并给鸦片披上“洋药”的外衣。旧海关查缉毒品，主要是查缉“非法”进口的毒品。1949年，新中国成立后，中央人民政府开展了禁毒人民战争，两三年内，彻底禁绝了吸毒、贩毒现象，创造了举世瞩目的奇迹。

第一期缉毒训练班合影

进入20世纪80年代，吸毒、贩毒现象死灰复燃，曾一度来势凶猛，十分猖獗。

新中国开展了第二次人民禁毒战争，中国海关积极投身于这场禁毒战争中，一些关员献出宝贵的生命。1987年4月12日凌晨，22岁的昆明海关关员邝磊，倒在云南边境的红土地上，他身后留下40米长的血迹。

2000年，海关查获的外籍旅客走私毒品，达到前所未有的数量，部分外籍旅客单人次走私毒品千克甚至十几千克。2000年5月6日，广州海关在一马来西亚籍旅客的行李中，查获"摇头丸"10千克；12月2日，再次从一马来西亚籍出境旅客携带的行李中，查获20瓶液体冰毒，重40千克。

2001年6月7日，首都机场海关发现日本籍和韩国籍男子形迹可疑，二人进入候机大厅前，乘坐同一辆车到达，并一直攀谈。办理登机手续时，两人虽搭乘同架航班，却又分别办理手续。对他们进行查验时发现，二人腰部用黄色胶带捆绑粘连着透明塑料袋，袋内装有无色颗粒状晶体，经检验为"冰毒"，重2千克。两人承认，携带"冰毒"至韩国贩卖。

2006年，人体藏毒成为外籍旅客毒品走私的主要方式，藏毒者主要为非洲籍旅客，他们将海洛因包裹成椭圆颗粒，吞入体内，每粒约重15克。2006年8月19日，首都机场海关从一外籍男子体内查获海洛因70余粒，重700克；10天后，又查获尼日利亚籍男性旅客人体藏毒案，查获海洛因94粒，重1500多克。

2006年9月4日至10日，广州海关在白云国际机场连续查获9宗毒品走私入境案，抓获犯罪嫌疑人9名，缴获毒品海洛因净重7831克，其中7宗为非洲籍男性人体藏毒，人均吞食毒品超过1千克。

2009年10月13日上午，黄埔海关决定对两个集装箱的"大理石"进行秘密查验。

H986集装箱检测系统反复扫描，未发现异常，代号K–9的缉毒犬，也没有嗅出端倪。

最后一招——人工查验。打开集装箱后，摆放整齐的"大理石"砖看似平常，但拿在手中掂量，却轻重不一，再用强光照射，砖里有阴影，将空心砖打碎，里面赫然出现一包包白色粉末——海洛因。这次查验，让侦查员们体会到“取毒品取到手软”的感觉，当场查获海洛因 788 包，共计 318.35 千克。原来“大理石”是由上下两部分组成，中间放入海洛因后再重新粘合。

办案人员赶到另一仓库，查获海洛因 226.93 千克。

这个特大走私毒品案中的毒品均来自他国，涉及亚洲、非洲两大贩毒集团。亚洲贩毒集团利用进口大理石、亮石等为掩护，夹藏走私毒品进入中国后，交给非洲贩毒集团贩卖，非洲贩毒集团除了留小部分在中国销售外，大部分出口至欧美国家。

2011 年 8 月 1 日晚，中巴边境的红其拉甫口岸，海关关员检查一巴基斯坦入境货车时，发现有焊接夹层走私嫌疑。货车为过境运输车辆，装有 279 袋大米，由巴方苏斯特口岸起运，从红其拉甫口岸进境，途经喀什后，再由吐尔尕特口岸出境，目的地为吉尔吉斯斯坦首都比什凯克。载重 30 吨的货车，长途运输 1500 公里，却装载不足 7 吨、货值仅 1395 美元的大米，除去运费，利润何在？现场关员决定秘密调查，经密度仪检测和样品检验，确认车体夹层内为毒品海洛因。经过几天跟踪、监控，8 月 5 日，在吐尔尕特口岸收网，从厢式货车查获 115 包、重 590.96 千克海洛因。5 名中外籍嫌疑人，悉数被捕。

毒品是全人类的公敌，开展国际和地区合作，联手打击跨国、跨地区走私毒品犯罪，是各国执法部门的共识。中国海关重视打击毒品走私领域的执法合作，积极参与国际禁毒合作事务，多次参加“联合国麻醉品委员会”、“亚太地区禁毒执法联络官会议”、世界海关组织（WCO）组织的缉毒执法国际会议，参与多项联合国禁毒决议和执法合作备忘录的讨论，组织人员赴日本、美国、澳大利亚等国海关进行缉毒考察和培训，邀请国外海关专家来华讲授缉毒知识和技能。密切与世界海关组织（WCO）、国际刑警组织的联系和合作，拓展国际情报联系渠道，为打击跨境走私贩毒活动提供便利。利用 RILO（亚太地区情报联络中心）协调作用和粤港海关联系渠道，开展毒品情报交流，运用“控制下交付”等手段，成功破获多起跨境毒品走私大案。

1998 年 12 月 29 日 ~ 30 日，广州海关与粤港海关、中印海关跨国、跨地区合作，查获走私 17.1 千克冰毒的大案。

2002 年 5 月 24 日，一辆粤澳两地牌小车从拱北口岸入境，拱北海关关员对其进行截查，发现该车的油箱、音响等部位经过专门改装，设置暗格夹藏走私数码相机、手机等物品。

2002 年 11 月 21 日，蛇口海关在蛇口 SCT 码头对一个货柜的音箱进行例行开箱查验。打开音箱的后盖，发现几包装满米黄色粉状的物品。对音箱进行逐一检查，发现 330 个音箱中，有 275 个音箱里应有的扬声器等构件被掏空，塞满了这种粉状物。经鉴定，这些粉状物均为安眠酮，属国家管制的一类精神药物，总重达到 3.86 吨。

2003 年 12 月 28 日上午，孟定海关缉私分局缉私警察携带缉毒犬，对入境可疑吉普车辆进行检查。通过缉毒犬的反应，发现该吉普车前排座位两侧靠近车门的地方分别焊接了夹层。缉私警察从夹层中查获块状海洛因 8 块，计重 2920 克，抓获犯罪嫌疑人 2 名。

2006 年 2 月，昆明、福州、厦门、拱北海关缉私局联合行动，破获以台湾人钟万亿为首的特大国际走私贩毒集团，缴获高纯度海洛因 57.4 千克、手枪 1 支及子弹数十发，抓获犯罪嫌疑人 18 名。

2006 年 3 月，在海关总署缉私局直接指挥和协调下，深圳、广州海关缉私局联手美国司法部缉毒署 (DEA) 和香港海关，破获一起涉及 7 个国家和地区的特大跨国走私毒品案，缴获毒品可卡因约 142 千克，抓获走私犯罪嫌疑人 9 名。

用于夹藏毒品的车门

# 让“李鬼”现形

2003 年 4 月 30 日，正当人们沉浸在“五一”长假的快乐时光时，汕头海关“870”缉私艇趁着夜色，悄悄解缆离港。

这是汕头海关针对走私热点西移，走私分子利用节假日伺机走私的特点，精心组织的一次突袭行动。

5 月 2 日，汕尾市马宫港。“870”艇已经在这里隐蔽等待了 3 天，为防止暴露，缉私队员几天没吃上热饭菜。南海季风掀起的层层波涛，使缉私艇像树叶一样飘荡。

夜里，警铃声把缉私队员们唤醒，一阵紧张有序的忙碌后，“870”艇顶着狂风出击了！

广州海关举行销毁走私光盘仪式

次日黎明，“870”艇抵达预伏地——粤东“大星山”海域。

这时海面偏东风 6~7 级，浪高 3 米，搜索目标难度很大。半小时后，终于锁定目标，缉私艇全速扑过去。走私分子措手不及，无法逃脱，却不甘心束手就擒，竟与缉私艇对抗。经五次强行靠帮，缉私队员终于登船，查获走私进口光盘 2510 箱，共计 251 万张。

这次战斗，是知识产权海关保护行动中的一次普通战果。

3 个月后，在广东省汕尾市科技文化中心广场，随着海关总署负责人一声令下，10 台光盘粉碎机同时启动，包括这批在内的 2600 万张走私盗版光盘，变成塑料颗粒。与此同时，在其他销毁活动分会场上，4200 万张走私盗版光盘也被粉碎。

知识产权海关保护，指海关依法禁止侵犯知识产权货物进出口措施，在世界贸易组织《与贸易有关的知识产权协议》（Agreement on Trade-Related Aspects of Intellectual Property Rights， TRIPS）中，被称为知识产权的边境措施 (Border Measures)。

中国海关对知识产权的保护，可以分为“依申请保护”和“依职权保护”两种模式。“依申请保护”也被称作海关对知识产权的“被动保护”模式，“依职权保护”也被称作海关对知识产权的 “主动保护”模式。

1994 年，中美两国签署《关于知识产权的谅解备忘录》。当年 8 月 23 日，海关总署发出通知，要求全国海关在边境实施知识产权保护。

自 1994 年以来，海关不断完善知识产权海关保护相关制度，增进立法、执法工作的公开性与透明度，加大口岸执法力度，提高执法能力和水平。

中国海关长期重视与商界的合作，在立法研讨、执法培训和信息通报等领域，建立战略合作机制。目前，海关总署已经与美国电影协会、中国外商投资企业协会优质品牌保护委员会等权利人组织，签订知识产权合作谅解备忘录。组织召开与知识产权权利人的研讨会，听取企业对海关工作的意见。为提高海关一线关员的知识产权执法能力，邀请知识产权权利人深入海关监管现场，举办侵权商品鉴别培训。

世界海关组织颁发的“2007 年打击假冒和盗版成就奖”

中国海关积极参与各国、各地区海关间的执法合作，通过海关间的知识产权合作框架，加强双边、多边海关知识产权执法合作，消除误解、增强互信。2010 年，中俄海关签署《关于加强知识产权执法合作的备忘录》，中欧海关续签《知识产权合作行动计划》。2011 年 5 月 9 日，在中美战略与经济对话期间，海关总署署长于广洲出席中美海关修订《中美海关关于加强知识产权边境执法合作的备忘录》签字仪式。

每年国际贸易中，侵犯知识产权的贸易额大约 5000 亿美元，占全球贸易额的 5%~7%。

2011 年 6 月 8 日，全球反假冒组织在法国巴黎举行“世界反假冒日” 颁奖仪式，向中国海关颁发“反假冒最佳政府机构奖”，肯定中国海关在保护知识产权方面取得的成绩。中国海关是全球唯一获此奖项的政府机构。

2006 年，中国海关曾获该组织的“政府机构嘉勉奖”。

# 世界海关组织有了中国籍司长

2010年6月26日，世界海关组织(WCO)理事会年会的选举中，中国候选人、海关总署国际司司长朱高章，当选为世界海关组织新任守法便利司司长，成为该组织首位中国籍高官。世界海关组织是当今世界范围内，唯一负责海关事务的政府间国际组织，现有176个成员海关，监管全球98%的货物贸易。

守法便利司(Compliance and Facilitation Directorate)是世界海关组织秘书处重要的业务部门，负责各国经济和安全利益的海关执法、贸易安全和边境管理等核心工作。根据世界海关组织规则，秘书长、副秘书长、守法便利司司长等5个高级职位，由全体成员投票选举产生，任期5年。

中国海关与世界海关组织的关系，还要从20世纪80年代初说起。

1983年6月13日，中国驻比利时王国大使收到时任海关合作理事会（Customs co-operation Concil，简称CCC）秘书长罗纳德·雷德福爵士的一封亲笔信，他代表海关合作理事会，向中国海关发出邀请，信中说："我荣幸地通知阁下，根据联合国大会1971年10月25日通过的第2758号第26届联大决议，海关合作理事会承认中华人民共和国为唯一合法政府，台湾是中国的一个省，是中国不可分割的一部分。"

信中还承诺："海关合作理事会将不再与台湾发生任何正式联系，……"

智利蒙特海关大楼模型

海关合作理事会最初是一个以欧洲为中心，以研究海关业务技术问题为宗旨的海关研究小组，逐渐发展为以促进国际贸易、保护社会为己任的国际海关组织。1994年，其更名为世界海关组织（World Customs Organization，简称 WCO）。

1983 年 7 月 18 日，我国政府批准同意加入海关合作理事会，成为其第 95 个成员。海关总署派出两名工作人员，在海关合作理事会所在地、中国驻比利时王国大使馆常驻，以使馆二秘、三秘的身份，负责同海关合作理事会的联络工作，同时，加强与欧共体关税同盟局的联系。

1987 年 4 月 1 日，经国务院批准，中华人民共和国驻比利时王国大使馆海关处正式设立，负责调查研究海关合作理事会的动态、议案和有关政策性问题，向国内反映情况，提出意见和建议等。

30 多年来，中国先后加入《关于建立海关合作理事会的公约》、《关于简化和协调海关制度的国际公约》（《京都公约》）、《关于执行 1994 年关贸总协定第七条的协定》（《WTO 估价协定》）等 9 个国际公约，加快了中国与国际惯例标准接轨的步伐。

1992 年，中国海关当选为海关合作理事会政策委员会委员，1993 年当选该委员会亚太地区代表，这是中国海关在高层次参与国际海关事务的发端。

2004 年 6 月，中国海关当选为世界海关组织副主席（亚太地区），负责制定亚太地区海关发展战略规划及亚太地区海关间的协调工作。

朱高章的成功当选，是我国加入世界海关组织以来参与国际海关事务方面的历史性突破，表明各国政府和国际海关界高度重视中国在国际海关事务中的地位和作用，体现了我国国际影响力的提升。

南非金钱豹模型

泰国海关纪念牌

# 西藏建关

1959年8月的格尔木，风沙骤起，从青藏高原吹来的季风，让人不寒而栗。

数月前，西藏上层统治集团撕毁与中央人民政府签订的“和平解放西藏办法”——《17条协议》，发动武装叛乱。爱国进步人士帕巴拉·索朗加措被暴徒用石块砸死，拖在马尾上游街示众。一时间，圣洁的雪域高原狼烟四起，血雨腥风。人民解放军驻藏部队奉命平叛作战，3月22日，粉碎拉萨市区叛匪集团。3月28日，国务院总理周恩来签署国务院令，解散发动叛乱的西藏地方政府，由西藏自治区筹备委员会行使地方职权。

1959年8月10日的下午，格尔木兵站进藏车队正准备出发，这时，三个衣着单薄的中年人匆匆赶来，爬上最后一辆进藏卡车。与其他人不一样，这三个干部模样的人，行李很简单，话也不多，挤上车，寻了个角落坐下。

车厢里拥挤，想伸直腿都困难，苫布四下漏风。尽管是盛夏八月，高原的寒风依然刺骨，其他乘客比他们有经验，取出棉被围裹在身上，他们也把在格尔木买的毛毯披在身上。

陈铁保（中）、孙广治、王绮园合影

这三个人是海关总署派出的赴藏筹备设关小组成员，为首的是海关总署办公室主任陈铁保，另外两人分别是二连分关的孙广治和天津海关的王绮园，此行任务是为恢复西藏地区海关作调查研究。

西藏地区设立海关，开放对外贸易，历史悠久。早在 1890 年（清光绪十六年），清政府就正式开放西藏地区，对外通商。1895 年设立亚东关，当年进出口贸易总值达 105 万卢比（因西藏地区主要与印度通商故以印度货币计价），1907 年达到 285 万卢比。辛亥革命后，英国驻华公使朱尔典向袁世凯政府提出四项无理要求，作为承认中华民国政府的条件：不允许中国干涉“西藏内政”，不允许中国在拉萨或西藏保持无限制军队。在订立协约之前，英国封闭经印度前往西藏的交通。时任总税务司的安格联为配合英国行动，1913 年 4 月宣布裁撤亚东关。

西藏和平解放后，《中央人民政府和西藏地方政府关于和平解放西藏办法的协议》规定，西藏地方政治制度不予变更，西藏地方税卡仍由地方政府——噶厦管理。政教合一统治下的西藏地区，对外贸易掌握在噶厦政府官吏和大寺庙的僧侣手里，即使是普通商帮，亦需有寺院和活佛的庇护。

由于交通困难，经济水平落后，西藏地区不得不向邻近的印度、尼泊尔购买所需的工业和日用品，向印度出口自己的产品，如羊毛、钨矿砂等。当时的西藏噶厦政府，曾在印度加尔各答设有专门经营藏羊毛生意的办事处。与印度和尼泊尔间特殊的贸易关系，使西藏处于极不平等的贸易地位，出口的农牧产品、资源性产品价格被压低。印度行商们甚至采用名叫“傲幑”的形式，对藏区牧民进行掠夺：一个牧民只能和一个印度行商进行商品交易，而印度行商却可以有很多个“傲幑”牧民，这种“傲幑”关系，还可以作为商品，在行商之间转让。这种近似奴隶主对奴隶式的贸易形式，在 20 世纪 50 年代，受到印度法律保护。

1955 年青藏、川藏公路通车后，这种情况才有所改善，但大量欧美产的高档消费品，如手表、钢笔、照相机等，也通过印度从中印、中尼边境，经西藏流入内地，造成国内银元和外汇流失。为遏制这种局面，国务院颁布《国务院关于严格管理外国货物经由西藏和其他边境流入内地的规定》。为贯彻这一规定，1958 年 1 月，对外贸易部海关总署紧急从内地各海关抽调干部，组成海关总署驻四川德格县、青海格尔木两个工作组，协助当地税务机关，对经西藏流入内地的外国货物补征关税、查禁走私。

1959 年 8 月的拉萨，平叛的硝烟刚刚散尽，海关总署精心挑选的三名海关精英便来到高原，谋划重建雪域雄关。

陈铁保尽管人不算高大，却名声在外。他原是旧海关总税务司署高级关员，1938 年加入中共地下党员，不仅是中共江海关总支的成员，还是中共地下党接管海关小组成员，1949 年 9 月 23 日，代表海关总税务司署，参与筹建新中国海关工作，海关总署成立后，被任命为海关总署财务处处长。他出生在苏州，少时才智超群，中学毕业时，同时考取交通大学和税务专门学校，最后入学税专。他通晓四国语言，多才多艺，被署长孔原誉为“海关系统不可多得的人才”，中国海关关徽就出自他手。

孙广治和王绮园也有不平凡经历，年纪轻轻就担任分关关长。

临行前，海关总署和外贸部领导嘱咐他们注意安全，发函请沿途军政机关为他们提供必要帮助。1959 年 8 月 1 日，三人在烈日炎炎下，登上西去的

总署领导与第一批调西藏海关工作干部合影

列车。8 月 8 日，在宝鸡的峡东稍作休整后，三人又义无反顾地一路西行。古人云：“劝君更尽一杯酒，西出阳关无故人。”由于对高原恶劣自然条件认识不足，他们在行程中吃尽苦头。

经峡东、过敦煌、抵阿克塞山口，8 月 10 日，他们终于抵达青藏线的起点——格尔木。兵站的同志见他们衣服单薄、行李简单，不同意他们上车。经陈铁保跟兵站领导再三解释，又在兵站同志的帮助下，花 104 块钱“高价”买了两条毛毯，总算赶上最后一趟车。事后，陈铁保专门写信，请总署办公室的同志代向胡仁奎副署长请示报销。

青藏高原风光旖旎，但独特的气候却对海关“探险者”不友好。第二天晚上，三人夜宿海拔 4400 米的沱沱河。寒冷、稀薄的空气，令人头痛欲裂，让他们领略到高原的厉害。第三天下午，在翻越海拔 5170 米的唐古拉山口时，气温骤降至零下 7℃，他们三个人蜷缩在薄薄的毛毯下，上牙敲着下牙。

陈铁保后来在向海关总署的汇报中写到：“过唐古拉，一二三、雪封山；四五六、雨淋头；七八九、正好走；十到腊、学狗爬。”还特别叮嘱“以后来藏的同志，千万要带铺盖卷！最理想是：厚毛皮褥子（山羊皮的、狗皮的）一条，5~7 斤新棉被一条，厚毛毯一条”。

除了寒冷，高原反应也是拦路虎。海拔高、空气稀薄，不仅人憋得慌，连汽车发动机也燃烧不足，一路上，油烟熏的乘客睁不开眼。假若不慎感冒，很快就会转成肺水肿丧命。这在当时的条件下，既无法防御，又无法躲开。好在他们也总结出一点经验，就是吃要半饱，坐车不要躺得太久，还有一个字就是咬紧牙关——忍。

经过半个月的跋涉，8 月 14 号下午，他们终于顺利抵达拉萨。

平叛后的拉萨，恢复了往日宁静和安详，但叛乱导致拉萨乃至整个西藏地区进出口贸易萎缩，百废待兴。西藏地区边境线长达 3600 多公里，边境贸易口岸多达数十处。平叛后，只有亚东的边境贸易由边防检查站管理。

三人在西藏工委财贸部的支持下，马不停蹄地走访拉萨军管会、外事处、外贸总公司、邮电局等部门，收集资料。

他们还远赴亚东口岸，实地调查对外贸易和进出口货运情况。从拉萨到亚东近600公里的路程，往返需要8天。

不久，《西藏地区暂行海关条例》、《西藏地区海关对进出口货物监管暂行办法》、《西藏地区暂行进出口税则和暂行实施细则》、《西藏地区对外贸易暂行管理办法（草案）》等文件，在西藏工委财贸部的指导下草拟完成，并建议设立亚东、帕里两海关，在拉萨设立海关总署驻拉萨办事处。

同时，海关总署也在紧锣密鼓地为西藏设关作准备。8月29日，总署紧急从汕头、广州、拱北、九龙、昆明、北京、上海、绥芬河、集宁、青岛、满洲里、辑安、天津、凭祥等14个海关，抽调31名业务水平高、身体素质好的同志（包括5名女同志），集中到北京进行民族政策、西藏地区历史文化、语言和体能等方面的培训。

经过两个多月的培训和准备，第一批31名调藏设关干部整装待发，其中处级干部8人、科级干部6人。

1959年11月17日，总署领导与赴藏干部合影，为他们壮行。



尽管有孙广治、王绮园两位“老西藏”带队，进藏干部还是遇到前所未有的磨炼。最艰难的一段是从格尔木到拉萨，要翻越4700多米的昆仑大坂和5170多米的唐古拉山山口，由于旅途颠簸，加上高山缺氧，多人出现头痛呕吐情况，一些同志甚至昏倒。

12月5日，第一批进藏干部抵达拉萨。次年8月，海关总署驻拉萨办事处正式对外办公。

1961年12月15日，国务院发布关于在西藏地区设立海关的决定，对西藏地区设立海关问题，作出特殊安排。其中，最重要的是西藏地区关税收入划归西藏地方政府。古往今来，海关税收从来都是中央政府财政的来源之一，把关税收入划归地方，这在全国几十个省、市、自治区中，绝无仅有。

1962年5月10日，西藏自治区筹备委员会宣布，西藏地区海关机构正式成立。

孙广治、王绮园作为新中国西藏地区第一代海关人，留在雪域高原工作。

其中，孙广治成为海关总署驻拉萨办事处第一任主任，王绮园则担任拉萨市外贸局局长。

1974年9月1日，拉萨海关成立。1984年6月9日，经国务院批准，拉萨海关升格为厅局级机构，受海关总署垂直领导。

聂拉木关关员合影

# 大漠边关

海关博物馆的藏品中，一张帐篷海关照片尤为引人注目，照片上标注着红其拉甫海关原址——水布浪沟。

红其拉甫海关前身水布浪沟支关

沿着中巴公路南行，在界碑附近的雪峰下，会看到“红其拉甫海关”旧址。1968 年，刘敬华和 7 名关员，带着一顶帐篷来到这里，开设红其拉甫海关监管工作组。从此，中华人民共和国海关的编制序列里，增加了一个“红其拉甫海关”。

红其拉甫海关所在的塔什库尔干县，平均海拔 4000 米，终年积雪，空气中含氧量只有平原地区的 52%，平均气温在零下 2℃，地质学家称这里为“永冻层”，生物学家称这里是“生命禁区”，不适宜人类生存。

有人问红其拉甫海关原副关长白清云：高原反应是啥感觉？他苦笑着说：像人要死又没有死的感觉。

全国海关劳动模范、维吾尔族女关员米里干的名字，是维语“美丽的公主”的意思，可她本人却被晒得皮肤干裂、毛孔粗糙。

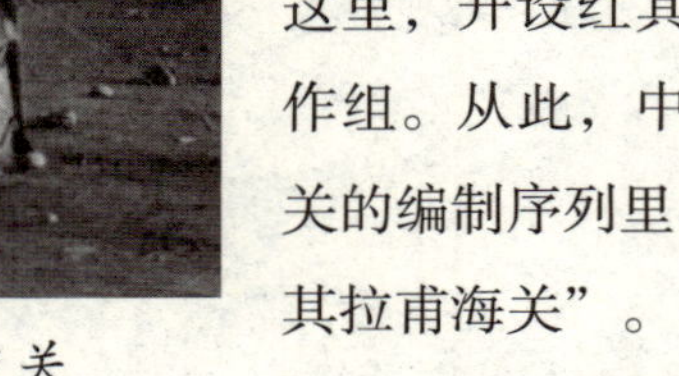
饭锅

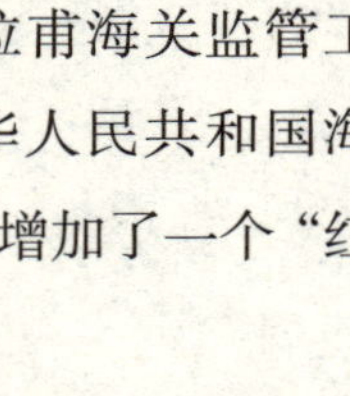
高压锅

红其拉甫的每一个人，都是“黑脸包公”。

1993 年，红其拉甫海关从

水布浪沟下撤前，能用上自来水，一直是关员们最大的梦想。

生活中的每一滴水，都要靠人去四公里外拉，曾在红其拉甫当过副关长的阿里木曾说：运水，是我十五年高原生活中最痛苦的回忆。拉上几百斤的水车，一步一喘、百步一歇，回到海关的平房时，只想倒在床上，生怕心脏跳出嗓子眼。

边关艰苦，也会有意外收获。被同事们戏称“老巴”的塔吉克族关员依明江，能说一口流利的巴基斯坦乌尔都语则得益于一段美丽的佳话：

1986年冬天，大雪即将封山，关里留下依明江和亚力坤值班。一天，三位“老巴”（当地对巴基斯坦人的俗称）来到红其拉甫海关，等待回巴基斯坦的邮车，把他们捎回国。

没想到，人不留客天留客。山上刮起白毛风，大雪不期而至，不管是巴基斯坦的邮车，还是过往的客车，都被阻隔在山下。

“老巴”们走不了，也没带多少行李，还穿着单薄的秋装，趿着拖鞋，三人走投无路，去敲海关门。依明江二人用热腾腾的饭菜和熊熊炉火，迎接了他们。大雪中，五个人开始了共同生活。

既然是生活，就要交流，“老巴”们说的是乌尔都语，语言不通，依明江、亚力坤靠手势和几个大家都明白的词沟通，有时还闹笑话。在共同生活的日子里，你教我乌尔都语，我教你汉语，几十天下来，基本可用口语交流。如今，依明江、亚力坤成了红其拉甫海关的“专业”乌尔都语翻译。

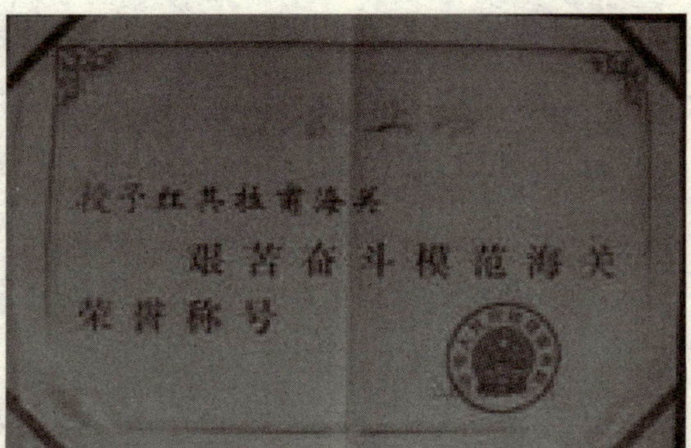

国务院授予红其拉甫海关“艰苦奋斗 模范海关”证书

生活的艰苦并不是边关的全部。

红其拉甫口岸周边与印度、巴基斯坦、阿富汗、塔吉克斯坦四国交界，是我国与巴基斯坦唯一的陆路通道，周边环境复杂，处在反分裂、反渗透、

边关关员顶风冒雪监管

反走私斗争的前沿。

1996年7月的一天，关员邹志才在验放进境旅客时，一位30岁的男子引起了他的注意，他请这名男子走进海关检查室打开随身携带的箱子，没有发现什么，但他细心地发现这位旅客双腿僵硬，不愿意做弯腰、下蹲等动作。他一下子明白过来，迅速扑上去，一名同事见状，也冲过来，把这名旅客摁在地上，原来这名旅客的腿上捆着一支崭新的77式手枪。

随着21世纪到来的，不仅有曙光，还有国际形势的风云变幻，红其拉甫口岸周边地区，又是世界性热点地区。“9·11”恐怖袭击的硝烟还没有散尽，中国西部边境一线局势骤然紧张，民族分裂势力、宗教极端势力和国际恐怖势力，把中亚当做他们滋生的沃土。

2001年7月，一伙民族分裂分子企图将一批武器弹药从巴基斯坦偷运进境。红其拉甫海关协同有关部门成立专案组，张网以待。

连日暴雨，冲垮中巴公路。泥石流把枪贩堵回巴方。专案组立即调整方案，外松内紧，日夜监视。

7 月 14 日，一辆巴基斯坦籍货车蒙着苫布，摇摇晃晃越过中巴 7 号界碑，驶入我方孔道，这就是情报中说的嫌疑车辆。就在大家摩拳擦掌的时候，一个意想不到的情况发生了，那辆车突然抛锚了。嫌疑车辆如果长时间滞留，会出现各种意外情况，专案组决定，派拖车以清障的名义，把嫌疑车辆拖到海关监管货场。

海关人员查验货物时，气氛异常紧张，来接货的四个人看似随意，眼睛却一直不离汽车，一人的手一直插在兜里。关长刘苏静怀疑此人身上有武器，他心生一计，让两名关员将此人叫到屋里问话，一进门，就将他摁倒在地，结果搜出两万多元赃款。

查验还在紧张地进行着，忽然，X 光机屏幕上出现手枪形状，他们立即控制现场，命令其他三人手抱头蹲下，结果查获制式手枪 3 支、钢笔式手枪 2 支、胶管状炸药 7 管，当场抓获 4 名民族分裂分子。

当年，该关配合缉私局，查获 80 支手枪走私大案。

近年来，红其拉甫查获反动宣传品 100 余万册，为打击民族分裂分子的嚣张气焰、维护新疆的政治稳定，作出重要贡献。

位于巴基斯坦、阿富汗、伊朗三国之间的“金新月”地区，是世界毒品第二大产地。红其拉甫口岸是“金新月”毒品进入中国的重要通道，关员一直战斗在缉毒的火线上。

1997 年 9 月，根据情报，一辆货车夹带毒品入境。该关决定，采用国际禁毒行动中的一种高风险手段——“控制下交付”，以便人赃俱获，斩草除根。为此，他们制定了代号为“变色龙”的缉毒行动。在此后的 13 天里，关员们在喀什至红其拉甫 300 公里的路上，分兵把守，渴了，喝山涧发黄的“矿泉水”；饿了，啃几块干馕；瞌睡了，在车里打个盹儿。24 日，随着克依纳木关长一声令下，“变色龙”行动全面收网，2 名毒犯被抓获，缴获鸦片 4 千克。

在国际缉毒组织对制毒、贩毒活动严厉打击下，“金新月”地区制毒原料——醋酸酐奇缺。醋酸酐是制作海洛因的配料，每加工海洛因 1 千克，需用 1 千克的醋酸酐。为了寻找这一原料，毒贩们企图利用我国与周边国家口岸的不断开放、人员和贸易往来日趋活跃的形势，购买醋酸酐，并将红其拉甫口岸当做走私制毒原料的过境通道。

红其拉甫海关根据这种情况，把打击醋酸酐走私作为工作重点，多方收集情报，顺藤摸瓜，仅 1997 年至 1999 年间，就连续破获醋酸酐走私大案 11 起，查获醋酸酐共计 54.32 吨，受到海关总署、公安部、国家禁毒委员会的高度评价和赞扬。国家禁毒委员会的专家称赞说：查获的 54.32 吨醋酸酐，相当于消灭 54.32 吨海洛因对人类的危害，这不仅是对国际禁毒活动的一大贡献，也是对人类文明的一大贡献！

红其拉甫海关，是中国海关众多边关的一个缩影。